Wu Wei Eats an Egg

Poems by Lucas Hirsch

Translated by Donna Spruijt-Metz
in collaboration with Caecilia de Hoog

Ben Yehuda Press
Teaneck, New Jersey

Published by Ben Yehuda Press
122 Ayers Court #1B
Teaneck, NJ 07666

http://www.BenYehudaPress.com

To subscribe to our monthly book club and support independent Jewish publishing,
visit https://www.patreon.com/BenYehudaPress

Jewish Poetry Project #56   http://jpoetry.us

Ben Yehuda Press books may be purchased at a discount by synagogues, book clubs,
and other institutions buying in bulk. For information, please email markets@BenYehudaPress.com

ISBN13 978-1-963475-75-3 pb

25 26 27 28 / 10 9 8 7 6 5 4 3 2 1   G   250520

For Nikki

Contents

Lucas Hirsch

Translator's Preface

I moved to the Netherlands in 1976, ostensibly for a year, to study classical flute. I stayed for 22 years. I found Dutch poetry, and it helped me to learn the language and navigate the unexpected culture shock. When I wanted to share some of my favorite poems with my mother, I had to translate Hans Lodeizen for her, because he wasn't (and still isn't) widely translated. I loved the work of it, the piecing together of language and meaning, the careful weaving between sounds and cultures. When I moved back to the US, I continued to translate Dutch poems to English, to read Dutch poetry, and to try to keep up a bit with new Dutch poets. I had, however, never worked with a living poet, and that was something that I really longed to do. I wanted to be able to ask if I had gotten it 'right', to work as a team, to go back and forth with a piece of poetry together.

I was introduced to Lucas Hirsch in July of 2018 by a mutual friend, and was immediately taken with his work, perhaps because he is inspired by many of the poets that I admired; Lucebert, Hugo Claus, Gerrit Kouwenaar, poets who made up the movement in The Netherlands known as 'de Vijftigers' (a group of poets writing in the 1950's). According to de Vijftigers, truly vital art could only be made by truly free people, and the esthetic conventions of the time hampered artistic freedom. In particular, emphasis moved from formal characteristics such as rhyme and meter towards greater syntactic freedom and more associative leaps in order to cultivate spontaneity. These values deeply resonate in Lucas Hirsch's work. I was honored when he asked me to have a go at translating a few of his poems.

The cycle of ten of Lucas' poems, the *Devil's Fair*, the result of our first collaboration, appeared in *Copper Nickel*. It combined all the various poetics that he played with throughout his last four books. With this new work, Lucas produced a poetics that is spontaneous and direct, clearly inspired by 'de Vijftigers', by Alan Ginsberg and the Beat Generation. However, Lucas pushed the boundaries further, placing his unique voice clearly in the 21st century. The poem cycle used informal syntax teeming with Dutch vernacular. This makes for beautiful and surprising poetry in Dutch. It also makes these poems extremely difficult to translate into English. The countless slang expressions and Dutch aphorisms rely on understanding the current Dutch culture and political climate, on knowledge of Dutch food, social structure, climate. Although I have deep ties to the Netherlands and visit at least once a year, I haven't lived in there for a few decades. The slang and colloquialisms therefore present an extra challenge.

The process of translating a living poet unfolded as a team endeavor, rich and informative and often playful. My best friend in the Netherlands, Caecilia de Hoog, is a translator. She translates novels from English to Dutch, which is an entirely different business that translating poetry from Dutch to English. But because the colloquialisms were so difficult, I asked her if she would mind having a look at my first translation of the first poem in the cycle. She ended up going over the entire book with me, poem by poem. She was a great 'first eye', and before I sent anything to Lucas, she would read my translations and make suggestions. I often went back to her more than once with a poem. I am deeply indebted to her. After I incorporated edits from Caecilia, Lucas and I began the process of going back and forth. For each poem, Lucas and I went back and forth several times, six to seven times for some of them. He would comment, I would make changes (or stick stubbornly to my guns), he would see what he thought of my changes (or stick stubbornly to his guns), and so it would go until we were both happy with the results. Lucas and I finished the book together in a day-long editing marathon in Amsterdam, where we went over every poem one last time. Wu Wei Eats an Egg is the product of several years of collaboration. Thank you for reading it.

—Donna Spruit-Metz

Wu Wei Eats an Egg

My heart, my body, my sanctuary

I tried to lure a mantra into my lap as if it were a cat
To pet whatever came to me
Alcohol, drugs, my genetic makeup
A handful of cunts, always wet but never satisfied
Took up running to stretch time
Ancestral Taoist meditation techniques in Colwyn Bay
A writing retreat in Twello, India, New York
Coming home, trying to remember where I was, how I got there
I tried an ego, a credo, a bit of humility
Of confession, what doesn't kill you makes you stronger, the stretch
To pray that I write because I live
To believe that I live because I write
Read the great ones suggested to me
Tried to better them against my better judgement, god have mercy
I tried to fulfill the wish to be awake
To live each day as if it were a week
To experience sobriety
To be and not to own
To find the child that feels and acts accordingly
To cry at the thought that the living kill
To laugh at death as a word
I even tried to store away regret
Slept deep, didn't sleep, slept naked
I tried everything but nothing lasted
Sunk my heart, my body, my sanctuary

Lucas Hirsch

Mijn hart, mijn lijf, mijn leger

Ik probeerde een mantra als een kat op schoot te lokken
Te strelen wat me toekwam
Drank, drugs, mijn aard van genenzijde
Een handvol kutten, altijd nat maar nooit voldaan
Door hard te lopen tijd te rekken
Voorvaderlijke Taoïstische meditatietechnieken in Colwyn Bay
Een schrijfverblijf in Twello, India, New York
Bij thuiskomst te herinneren waar ik was, hoe er te geraken
Ik probeerde een ego, een credo, een mate van schroom
Van biecht en baat het niet dan schaadt het niet de rek
Te bidden dat ik schrijf omdat ik leef
Te geloven dat ik leef omdat ik schrijf
De wijzen waarnaar men wees te lezen
Ze tegen beter weten in te beteren, god betere het resultaat
Ik probeerde de wens te vervullen wakker te zijn
Een dag als week te leven
Nuchter te ervaren
Te zijn en niet te hebben
Het kind dat voelt dan doet te vinden
Te huilen om de gedachte dat levenden doden
Te lachen om de dood als woord
Zelfs spijt in kas te houden probeerde ik
Sliep diep, sliep niet, sliep naakt
Ik heb alles geprobeerd maar niets hield stand
Verzonk mijn hart, mijn lijf, mijn leger

Wu wei eats an egg

What always was, is, and will be
cracks an egg
on the edge
of a frying pan

Acts according to the nature
of the beast
It makes breakfast, the cosmos and planets
the tumbling sun

It laughs at all there is
It eats an egg under the heavens
It fills its belly

It sits back
in a chair
on the veranda
of a house
in a country
under the clouds
looking
at creation floating by

As it moves, it creates
a sheep
the buzz of being, and
lazy as it is
a trembling universe

It takes pleasure in seeing
what it created, creates, and refrains from creating

It doesn't get more active
But fuller
considering the void
Now it is thirsty

Lucas Hirsch

Wu wei eet een ei

Wat altijd was, is en zal
slaat een ei
op de rand
van de koekenpan
kapot

Het handelt naar de aard
van het beestje
Het maakt ontbijt, de kosmos en planeten
de buitelende zon

Het lacht om alomvattend
Het eet een ei onder de hemel
Het vult zijn maag

Zit achterover geleund
in een stoel
op de waranda
van een huis
in een land
onder de wolken
te kijken
naar de voorbijdrijvende schepping

Het schept zich vanzelf een weg
een schaap
het zoemende zijn en
lui als het is
een rillend universum

Het schept er genoegen in te zien
wat het schiep, schept en laat te scheppen

Actiever wordt het niet
Voller wel
de leegte meegerekend
Nu is het dorstig

Gentrification—pacification

Exhausted, I formulated a satirical indictment against the ruling class in the form of a poem where I suggest feeding poor children to the rich in order to battle growing poverty. I make a modest proposal to the white Bikram-yoga-mother behind the high-end jogging-stroller, her face full of infinite dissatisfaction, to make peace. I ask her if it is an act of radical bourgeoisie to think that she takes priority over everyone else, or if, for her, the beautification of the world depends upon her pushing strollers full of blond children, if she is someone's wife, wants too much to be able to leave much space. I ask her, who pushes you from a to b? Where is father, where is mother, where your managing husband? I ask the hipster, don't you see the irony of your own existence? With your *been there done that* attitude while you don't get much further than your Instagram account? Where is the wonder? *Irony is the killer in us all.* I ask the influencer, who are you if you are made of other people's emotions? You have a pixelated personality. Which 'I' is autonomous? I ask the superfood fetishist, is your radical conventionality enacted by eating bird feed? By chasing after naturalized nature? I ask the vintage lifestyle salesgirl, where are the limits of the globally oriented capitalism that you so frivolously allow to waft through your store? Where is the horizon? I ask the trendily dressed managers at the FreeMiBo, where is your free heart? Where the spirit that should be fluttering? Was all support for experimentation and innovation successfully organized out of society? Does everyone finally fit in an org chart? Can a person be diminished any further? For the advertising gurus that hijacked, raped the credo *creative*, beheaded it as if it were imprisoned by religious fanatics, and smeared the product across the globe like a rancid lubricant, leaving artists suffocating driven to despair, I ask, what are you without MacBook Pro? Take a deep breath. I ask the house-owning child prince where my daughter should live. If he knows no shame. I say to the suspicious villager, be like the baby chick who pips and zips through the eggshell. I don't ask the artist any questions. Art is not an act of civil resistance. Remember that everything is art these days. That no art is remembered these days. Radical Bourgeoisie anno now is dying from the idea of getting cancer, top down managed spreadsheet obesity, freelancers in gentrified ghettos taking laptop meetings in expresso bars sipping on organically grown tea, is talkshowtablebookpanelsmalltalk, the private holding company, the constitutional monarchy, humanistic apathy, banking self-regulation measures, an old testament-like god is love massacre, fake news-news, free free-range eggs, clean fuel, deradicalizing radicals, euthanasia on euthanasia, Calvinistic snobbery, the ego that manifests itself as a sloshing sack of water in the body, the necessary evil. There is no more breath. I cancel the future. The bourgeoisie is dead, long live the bourgeoisie!

Lucas Hirsch

Gentrificatie-pacificatie

Moegestreden een satirische aanklacht in de vorm van een gedicht tegen de heersende klasse geformuleerd waarin ik voorstel arme kinderen aan de rijken te voeren om de groeiende armoede te bestrijden. Ik doe een bescheiden voorstel aan de blanke Bikram-yogabakfiets-moeder met een oneindige ontevredenheid op het gelaat om vrede te sluiten. Ik vraag haar of het een daad van radicale bourgeoisie is als ze denkt dat ze overal voorrang heeft, of de verfraaiing van de wereld voor haar alleen in het voortduwen van blonde kinderen is gelegen, of ze vrouw is van, te veel wil hebben om ruimte te kunnen geven. Ik vraag haar, wie fietst jou van a naar b? Waar is vader, waar moeder, waar je managende man? Aan de hipster vraag ik, zie je de ironie van je eigen bestaan dan niet? Met je *been there done that* attitude terwijl je niet verder dan je Instagramaccount komt Waar is de verwondering? *Irony is the killer in us all*. Aan de influencer vraag ik wie je bent als je uit emoties van anderen bestaat. Je hebt een pixelige persoonlijkheid. Welke ik is autonoom? Ik vraag de superfoodsfetisjist, ligt de daad van je radicale burgerlijkheid in het eten van vogelvoer? In het najagen van de genatuurde natuur? Aan de vintagelifestylewinkelverkoopster vraag ik, waar ligt de grens van het globaal georiënteerde kapitalisme dat je zo wuft door je winkel laat waaien? Waar de horizon? Aan de hip geklede managers op de Vrijmibo vraag ik, waar is je vrije hart? Waar de geest die moet waaien? Is het gelukt om het draagvlak voor experiment en vernieuwing uit de maatschappij te managen? Past iedereen eindelijk in een org chart? Is een mens kleiner te krijgen? Aan de reclamelui die het credo *creatief* kaapten, verkrachtten, het als een gevangene van religieuze fanatici de kop afhakten, en het product als botergeile cultuur over de globe uitsmeerden daarbij kunstenaars verstikkend achterlatend tot wanhoop dreven, vraag ik, wat ben je zonder MacBook Pro? Haal eens adem. Het huizen bezittende prinsenkind vraag ik waar mijn dochter moet wonen. Of hij geen schaamte kent. Tegen de achterdochtige dorpeling zeg ik, wees als het piepkuiken dat zich een weg door de eischaal pikt. Aan de kunstenaar vraag ik niets. Kunst is geen daad van burgerlijk verzet. Vergeet niet dat alles kunst is vandaag de dag. Dat alle kunst vandaag de dag vergeten wordt. Radicale bourgeoisie anno nu is dood gaan aan de gedachte kanker te krijgen, top down gemanagede spreadsheetobesitas, in gentrificerende achterstandsbuurten zzp'er laptop-vergaderingen in baristabarretjes beleggen met organisch geteelde thee, is talkshowtafelboekenpanelprietpraat, de participatiemaatschappij, de constitutionele monarchie, humanistische apathie, bancaire zelfreguleringsmaatregelen, een oudtestamentische god is liefde slachtpartij, fakenieuws-nieuws, vrije uitloopeieren, schone brandstof, deradicaliserende radicalen, euthanasie op euthanasie, Calvinistisch snobisme, het ego dat zich als een klotsende waterzak in het lichaam manifesteert, het noodzakelijke kwaad. Er is geen adem meer. Ik annuleer de toekomst. De bourgeoisie is dood, lang leve de bourgeoisie!

Excess

Souvenirs & Gifts, Drake's Cheese Store & Tasting Room – Old Amsterdam, Casino, Body-works, a string of unloved facades, clanging trams, rattling roller bags, loud English tourists too drunk for the time of day, droves of wandering Japanese and Chinese, the merciless pickpockets with their thieving faces and fingers, (the women slender but scrawny in their leggings, the men in their glistening track suits), the weasely little dealers, the watchful junkies in dank alleys, shrouded in outsized winter coats zipped to the chin, police motorcycles swarming like hornets, the long line of naïve tourists at the Turkish-run Flemish fries joint, fat cat taxis, bicycle couriers with outrageous eyewear breaking traffic regulations, hordes of lame, cadaverous doves, seagulls in green trashcans along the sidewalk, depositing their shiny white shit on the jacket of the irritated stockbroker with sandwich in hand navigating across the street, where I – between yellow diggers, roaring loaders, unloading trucks, pounding, foundation-breaking jackhammers, maintenance crews swaddled in fluorescent suits, a trailer with new trees for the curb strip: big roots neatly packed in nets, branches like oxygen lollypops for the old city – try to control my nervous and overstimulated body in front of the Berlage Stock Exchange building

Veel

Souvenirs & Gifts, Drake's, Cheese Store & Tasting Room – Old Amsterdam, Casino, Bodyworks, een aaneenschakeling van onbeminde gevels klingelende trams, ratelende rolkoffers, luidkeelse Engelsen te dronken voor het tijdstip, drommen scharrelende Japanners en Chinezen, de niets en niemand ontziende zakkenrollers met hun Oost Europese koppen (de vrouwen rank maar bonkig in hun leggings, de mannen glimmend in hun trainingspakken), de wezelige dealertjes, de waakzame junks gehuld in veel te grote, tot de kin geritste winterjassen in klamme steegjes, als horzels zwermende politiemotoren, de lange rij onwetende toeristen voor het door Turken gerunde Vlaamse friethuis, langs schietende patsertaxi's verkeersregels brekende fietskoeriers met lijpe brilmonturen, hordes manke, slecht in het kleed zittende duiven, meeuwen in groene prullenbakken langs het trottoir, hun flatsende stront ponerend op het jasje van de geïrriteerde beurshandelaar met een broodje in de hand laverend naar de overkant, waar ik – tussen gele graafmachines, ronkende laders, lossers, bonkende, fundering brekende drilboren, in fluorescerende pakken gehulde stratenmakers, een aanhangwagen met nieuwe beplanting: grote, met kluit en takken in netten verpakte zuurstof lolly's voor de ouwe stad – voor De Beurs van Berlage nerveus een overprikkeld lichaam probeer te mennen

C:\Primitive data

The primitively programmed man
the go-between of civilization
Soul adrift between World Market Buddhas
bits and bytes. Drowning in digital data
deus and Dali, gasping for breath

Throws a fit when a child cries
Beats the parents over the head
with the same ease. It reads pamphlets
like a weathervane in a storm

Cries when pets die
or loved ones or just a random
celebrity, president or passer-by killed
by a bullet, failed life expectancy
or character flaws

Lost their bearings when night fell
after the sixth day on earth
Swarming with overblown expectations
about the relationship between light and dark
Has the urge to create
based on data analyses

Once found a flat earth in the heavens
but now wonders
if there were data before the big bang

Is like the merciless, cruel and tender
universe, the naturing nature
the beast-like beast, the digital
builder of New Babylon
An island Universe
A data fetishist possessed by life
in water

Lucas Hirsch

C:\Primitieve data

De primitief geprogrammeerde mens
oliemannetje van beschaving
Op zielendrift geslagen tussen Xenos Boeddha
bits en bytes. Verdrinkend, naar adem happend
in digitale data, deus en Dalí

Slaat aan bij het huilen van een kind
Slaat met hetzelfde gemak de hoofden
van de ouders in. Het leest geschriften
als een windvaan in een storm

Huilt bij het overlijden van huisdieren
dierbaren of zo maar een willekeurige
celebrity, president of passant die de dood vond
door een kogel, falende levensverwachting
of persoonlijk gebrek

Verloor zijn richting toen de nacht
na de zesde dag op aarde viel
Het zwermde uit met een te grote verwachting
over de verhouding tussen licht en donker
Heeft de drang te willen scheppen
Aardt door data te duiden

Vond ooit een platte aarde in het heelal
maar stelt zich nu de vraag
of er data voor de oerknal waren

Is als het genadeloze, wrede en tedere
universum, de naturende natuur
het dierlijk dier, de digitale
bouwer van Nieuw Babylon
Een eilanduniversum
Een door leven bezeten data-fetisjist
te water

What the Heart Wants

How do I relate to a world
In which, worshipping zeros and ones
I never learned to tell time from the sun's position
I nurture a digital Icarus
I defy a heaven full of error, a digital god
I express my concerns with an app, the data don't lie
and with a *crash and burn* on the horizon I google the chance
that rain brings salvation, that the fall can be broken
The breakpoint of numbers
How do I calculate my existence?
Heart times body divided by bits and bytes?
Social media minus loneliness in likes squared?
I die all the deaths that I can amass while gaming
kill reality, have regrets
Consider that gravity never fails, as god is considered
all powerful by those who couldn't
lift my heart's nakedness
It beats a bloodshot
three-four time

Wat het hart wil

Hoe mezelf te verhouden tot een wereld
waarin ik nullen en enen aanbiddend
nooit de tijd aan de stand van de zon heb leren lezen
een digitale Icarus in mij verwek
Ik tart een zwerk vol error, een digitale god
Ik uit mijn zorgen met een app, de data liegen niet
en met een *crash and burn* in het verschiet google ik de kans
dat regen redding brengt, een val gebroken kan
Het breekpunt van getallen
Hoe becijfer ik mijn zijn?
Hart keer lijf gedeeld door bits en bytes?
Sociale media min eenzaamheid in het likes-kwadraat?
Ik sterf het aantal doden dat ik bij elkaar kan gamen
dood realiteit, heb spijt
Bedenk dat zwaartekracht nooit faalt, bedacht als god
almachtig is voor hen die zich vertillen
aan de naaktheid van mijn hart
Het slaat een bloeddoorlopen
driekwartsmaat

Holy

There are addicts addicted to hunger
addicted to feeding addicts
anger addicts, euphoria addicts
power and attention addicts
addicted to and through religion
There are addicts that aren't addicted to the addictive substance
but to the forgetting and the blissful softening of it all
There are addicts that don't name the monkey on their back by its true name
but assume the identities of *#fitgirl* or *#fitboy*, train themselves to death for
a marathon, the man and/or woman next door
Some are addicted to ownership
and base their existence on the collection of things
Addicts are like saints
because they freely and deliberately cut themselves off
from the world's hustle and bustle
Remove themselves from interpersonal interactions
Free themselves from what is addictive, rational and all of that
A saint talks to flowers and sees the yellow of their being
He smells through his eyes
Says: You are my muse, I accept your stubbornness
A drop of water, a bit of sunlight and yippee!
You stand there in all your glory flourishing flower
A saint loves flowers but idolizes trees
He wants to be a slave to CO_2
He wants to think like trees can think about time
In terms of growth, in size but not in years
A saint wants to conspire with birds
And if he is hungry he waits for a fruit
to ripen and fall
His ambition is the opposite of ambition
But most of all a saint wants to shatter time
like an addict, to be, or at least
stop acting

Lucas Hirsch

Heilig

Je hebt verslaafden die verslaafd zijn aan honger
Verslaafd aan het voeden van verslaafden
Verslaafden aan woede, aan euforie
Aan macht en aandacht verslaafden
Aan en door religie verslaafden
Je hebt verslaafden die niet aan de verslavende substantie
maar aan het vergeten en de zalige verzachting
zijn verslaafd
Je hebt verslaafden die het beestje verslaving niet bij de naam noemen
maar zich *#fitgirl* dit of *#fitboy* aanmeten, zich te pletter trainen voor
een marathon, een buurman en of buurvrouw
Je hebt verslaafden aan hebben
en zijn aan het verzamelen van spullen ontleden
Verslaafden zijn als heiligen
omdat ze zichzelf geheel vrij en moedwillig afsnijden
van 's werelds handel en wandel
Zich van het intermenselijke verkeer ontdoen
Zich van het verslavende, rationele wat nog meer bevrijden
Een heilige praat tegen bloemen en ziet het geel er van
Hij ruikt door zijn ogen
Zegt: Je bent mijn muze, ik neem je koppigheid ter harte
Een druppel water, een veeg zonlicht en hopla!
Daar sta je in al je glorie te bloeien bloem!
Een heilige houdt van bloemen maar verafgoodt bomen
Hij wil tot slaaf van C02 gemaakt
Hij wil als bomen aan tijd denken kunnen denken
In mate van groei, in omvang maar niet in jaren verjaren
Een heilige wil samenzweren met vogels
En als hij honger heeft wacht hij op het rijpen
en het vallen van een vrucht
Zijn ambitie is het tegenovergestelde van ambitie
Maar het meeste nog wil een heilige als een verslaafde
de tijd versplinteren, zijn, of op z'n minst
het handelen laten

A name for the nature of the beast

Because when I am too drunk, too sober
stubborn, jealous
in love, insecure
full of rage or desire
I lose control
I want to capture the act of
not reacting in a manifesto

For once, not parrot an opinion of an opinion of an opinion
on top of an opinion, stop thinking that my left-leaning socially critical Gutmench
parody of what I read, lived with, got diplomas in
has put the correct world within my grasp

So that I can plow through life as a well meaning
snow shovel without consequences
because hey: good intentions!

Because I believe in the word
I decided to write myself a letter
read a salutation, sentences, a greeting and a name
but don't understand the language in between

Dear Lucas,

You can't prevent birds from flying overhead
But you can prevent them from building their nests

With best wishes,
The possibility of being human

Even now that I see my own name, I don't believe
in its liberation

Lucas Hirsch

Een naam voor de aard van het beestje

Omdat ik te dronken, te nuchter
weerbarstig, jaloers
verliefd, onzeker
vol woede of begeerte
controle verlies
wil ik niet meer dit of dat doen
in een handvest vangen

Even niet een mening over een mening over een mening papegaaien
Met mijn linksdraaiende, maatschappijkritische Gutmensch-
parodie op wat ik las, bereisde, waarvoor ik diploma's haalde
te denken de juiste wereld voorhanden te hebben

Dat ik zonder gevolgen als een goede bedoelingen-
sneeuwschuiver een weg
door het leven kan ploegen
want hé: de goede bedoelingen!

Omdat ik in het woord geloof
besluit ik een brief aan mezelf te schrijven
lees een aanhef, zinnen, een groet en een naam
maar begrijp de taal ertussen niet

Beste Lucas,

Je kunt niet voorkomen dat vogels over hoofden vliegen
Je kunt wel voorkomen dat ze er hun nesten bouwen

Met vriendelijke groet,
De mogelijkheid een mens te zijn

Zelfs nu ik mijn naam zie staan geloof ik niet
in de bevrijding ervan

What I want to say/what I really say
For N.

I say a shudder went through my body when I could feel you
for the first time while I actually mean the clattering sound of a champion
at the fair who slams a speed ball straight into its box

I say I didn't know what to say while actually too much
of the universe was stuck in my throat and I decided to estimate
the size of your heart into which I was falling

I say I buzzed after the first kiss while you must have felt that I was lucid
Surrendering your lips to me was a call to arms
I made peace with body and soul

I say you were my salvation while I tried to plead
for my life's freedom like a deaf and dumb hostage negotiator
It was at the moment when I was released from everything I loved

I say someday I will write a poem where I can say everything I want to say
For now a handful of words, wishes, struggles

I might be a valid linguist
but I doubt the skills I use

Lucas Hirsch

Wat ik zeggen wil maar zeg
Voor N.

Ik zeg er ging een siddering door mijn lijf toen ik jou voor het eerst
mocht voelen terwijl ik eigenlijk het klepperende geluid van een kamper
die een boksbal op de kermis met een klap in de kast slaat bedoel

Ik zeg ik wist niet wat ik zeggen moest terwijl er eigenlijk te veel
van alomvattend in mijn keel bleef steken en ik besloot de grootte
van je hart waarin ik viel te schatten

Ik zeg ik zoemde na de eerste kus terwijl je voelen moest dat ik lucide was
Toen je je lippen de mijne liet zijn de eerste mens te wapen
Ik stichtte er met lijf en leden vrede mee

Ik zeg je was mijn redding terwijl ik als een doofstomme gijzelnemer-
onderhandelaar een poging waagde het leven vrij te pleiten
Het kwam op het moment dat ik ontslagen was van alles wat ik liefhad

Ik zeg ik schrijf ooit een gedicht waarin ik zeggen kan wat ik wil zeggen
Voor nu een handvol woorden, wensen, strubbelingen

Ik mag dan wel een meer valide taalmens zijn
in handigheid ben ik een twijfelaar

Vlieland[1]
—*for M. & S.*

Arrived on the island
with my daughter at low tide
searching for crabs under the sand
I sunk into her nature

I know, I am not
her father, that she was born
under my virgin heart
when I found shelter
with her mother

Also the rain, always available
drifting along the island, was merciful
that day

the amourous beauty of the child
I had safeguarded, it glowed

under the mothering sun
that the sea pulled over the day
like a sheet
and we, like shellfish
along the floodmark, digging
around each other in the mire
were fishing for stars

Vlieland
—*Voor M. & S.*

Op het eiland aangekomen
met mijn dochter bij eb
naar krabben onder het zand zoekend
in haar natuur bezonken

Ik weet, ik ben haar vader
niet, dat ze geboren werd
onder mijn maagdelijke hart
toen ik beschutting vond
bij moeder

Ook de regen, die altijd voorradig
langs het eiland drijft, was genadig
die dag

de verliefde schoonheid van het kind
dat ik geborgen had, het gloeide

onder de moederende zon
die de zee als laken
over de dag heentrok
en wij als schaaldieren
langs de vloedlijn, in het slijk
om elkaar heen krabbend
naar sterren visten

Loss-faces
—for N.

Clouds, you say lying next to me in a dune hollow
make faces out of loss
Look, there goes my dear father
How turbulent space's belly can be
I have clear memories
I have a foggy heart

Because I am afraid I conjure a continent, a skull and
a frisky pig
Then something that is everything and the best place
not to have to think
about death

You wave it away and say that it doesn't matter, at this altitude
what it looks like, for them, for us
Sadness isn't the naming of the form for the sake of the form
But letting the hammering emptiness and the tireless loss
haunt you, rattle through your head as it makes its rounds

I say that I see something different
Sometimes they look like a wounded tiger
lurking in heaven's firmament, clawing, growling
And sometimes they take on the form of a chansonnier
singing straight into your heart

You pick a flower and say that you like it
that the flower is just a flower for now
She refrains from action, from being more than form

I say it pleases me that you are the master of matter
and can only comfort me by feeling what you see
it's also a form of love

You take a gulp of air and disappear under the surface
of the ice blue river

Above it is quiet
In the depths below
muddy

Lucas Hirsch

Gemisgezichten
—*Voor N.*

Wolken, zeg je naast me in een duinpan gelegen
maken van gemis gezichten
Kijk, daar gaat mijn lieve vader
Hoe onstuimig is het ruim van het heelal
Ik heb heldere herinneringen
Ik heb een mistig hart

Omdat ik bang ben som ik een werelddeel, een doodskop en
een dartel varken op
Daarna iets wat van alles is en de beste plek
om niet te hoeven denken
aan de dood

Je wuift het weg en zegt dat het niet uitmaakt, op die hoogte
hier, hoe het oogt, voor hen, voor ons
Verdriet is niet het noemen van de vorm omwille van de vorm
Maar de hagelende leegte en het onvermoeibare gemis
door je hoofd laten spoken, ratelend en wel

Ik zeg dat ik wat anders zie
Ze soms de vorm van een gewonde tijger aannemen
schuilend in het zwerk, klauwend, grommend
En soms de vorm van een chansonnier
die recht je hart inzingt

Je plukt een bloem en zegt het fijn te vinden
dat de bloem voor nu gewoon een bloem is
Ze laat het handelen, het meer dan vorm zijn

Ik zeg ik vind het fijn dat je de materie de baas bent
en mij alleen kunt troosten door te voelen wat je ziet
Dat het ook een vorm van liefde is

Je haalt adem en verdwijnt onder de oppervlakte
van de ijsblauwe rivier

Boven is het stil
In de diepte eronder
modderig

Lament

in memoriam Derk Wiersum

Having had to absorb a lot of life lately
I learned through so much pain that being dead doesn't seem so bad
It is up to the stragglers to hold a ruler
to the living
Measure what is left

I don't know if it is the gloomy weather
or Brel floating around the room
Voir un ami pleurer strangling me
or the thought of you
that erodes my heart

I fear grief with the impact of a meteorite
The hammering emptiness that will fall
because I know that I can't sketch you completely
And you will only survive in my poems if the language is found

Unacceptable are the tears that fell into orbits around my heart
Incomplete the memories I have of you

Your voice, your smell, your way of being
they are predators, accomplished hunters, they wait in ambush
for a sign that always comes and I, wounded
again become their prey

Lucas Hirsch

Lamento

in memoriam Derk Wiersum

De laatste tijd veel van het leven binnengekregen
Door zoveel pijn te hebben geleerd dat dood zijn lang zo gek niet is
Het aan de achterblijvers is de mate van leven
langs levenden te leggen
Te meten wat er overblijft

Ik weet niet of het aan het sombere weer ligt
of aan het feit dat Brel door de kamer drijft
Voir un ami pleurer mij de strot afbijt
of aan de gedachte aan jou
dat mijn hart hard erodeert

Ik vrees verdriet met de impact van een meteoriet
De hamerende leegte die gaat vallen
omdat ik weet dat ik je niet in alle volledigheid kan schetsen
Je alleen in mijn gedichten voortleeft als de taal gevonden wordt

Onverteerbaar zijn de tranen die in banen rond mijn hart gevallen zijn
Onvolledig de herinneringen die ik aan je heb

Je stem, je geur, je manier van zijn
ze liggen als volleerde hinderlaagjagers te wachten
op een teken dat nog komen gaat en ik verwond
verword tot prooi

Devil's Fair[2]

1.

The morning we buried father the heavens threw a Devil's Fair
Along the approach to the funeral home, cherry blossoms shimmered
in the watery light. The roof of the limousine that brought us to the entrance
thrummed in syncopation. A hedge of umbrellas stood waiting
beyond the widow and we got into the mood. The crowd was made of many
while we were made of burden. We bore a past
and bent, as rain does trees, the time

2.

The sun peeked through branches that covered a few heads, caressed women's shivering
pantyhoesed legs and the slick black paint of car hoods and
doors slammed shut with dull thuds
It was a grumbling commotion. It was an animal-like gathering
The hearse's lift gate stood up like a watchful dog's tail
It pointed towards He who had taken father
The wet black nose was aimed at its prey: the waiting, drenched attendees
Everything imploded, narrowed, seemed to change its mind
Sound was the gravel adding our feet to the crowd
Sight was the light landing on what was to come

3.

When dad was unloaded an honor guard formed
Who or what was honored was a mystery to me
So was the location that was chosen for the eulogy
The undertaker called it one of Rietveld's architectural wonders
and had it dragged from a forgotten corner of the country to a
vacated piece of land along Schiphol's fifth runway where
the boxy white building would lend some panache
to the dead and the living
His enthusiasm had been catching

Lucas Hirsch

Duivelskermis

1.

De morgen dat we vader begroeven schonk de hemel duivelskermis
Langs de oprijlaan van het uitvaartcentrum blonken bloeiende kersen-
bloesems in het waterend licht. Het roffelde syncopisch op het dak
van de limousine waarin we tot de ingang reden. Er stond een haag
aan paraplu's te wachten tot de weduwe en wij in sferen zouden raken
Waar zij met velen waren bestonden wij uit last. We torsten een verleden
en bogen als regen bomen, de tijd

2.

De zon piepte tussen takken door, wat hoofden over, streelde rillerige
in panty's gestoken vrouwenbenen en de gladde zwarte lak
van motorkappen en portieren die met doffe ploffen dichtgeslagen werden
Het was een grommende bedoening. Het was een dierlijk samenzijn
De laadklep van de leidwagen stond als een waakzame honden-
staart omhoog. Het wees naar Hem die vader tot zich had genomen
De natte zwarte neus wees prooi aan: wachtende verregende betrokkenen
Alles zeeg ineen, trok tot trechter, leek zich te bedenken
Geluid was grint dat onze voeten bij de massa voegde
Zicht het licht op wat er komen ging

3.

Toen pa werd uitgeladen vormde zich een erehaag
Wie of wat er werd geëerd was voor mij een raadsel
Zo ook de locatie waarvoor gekozen werd een laatste loftrompet te steken
De uitvaartondernemer noemde het een architectonisch wonder van
Rietveld en had het vanuit een vergeten hoek van het land naar een
vrijgekomen stukje grond langs de vijfde landingsbaan van Schiphol
versleept alwaar de witte blokkendoos de taak was toebedeeld wat
schwung te geven aan de doden en de levenden
Zijn enthousiasme was aanstekelijk geweest

4.

At the reception we took off our best coats and stepped
into the foyer a size smaller. *Music for Airports,* by Brian Eno,
was playing. Father had asked for that specifically before he
was lured into death, a different person. So he wouldn't die
too heavy, the cancer had fed on the scraps of his heart for ten days
I could see his ribs and I thought under them it all had broken apart, sunk
and shrunk to his core. Where had he gone, given the level of opium
that had wandered through his body, was an odd question
but I allowed myself to ask it nonetheless. I saw an opportunity to calculate how long
a meager life lasts. After all, a person must go somewhere
with their questions for death

5.

As if it is perfectly normal to die when
humanity is sleeping, you passed away. We felt sick
and we blamed the timing and not death for our sorrow
With a sea of flowers splashed along the aisle and over your casket
you lay there. They provided comfort and a pleasant smell. Our eyes scanned
the attendees. They nodded when we made eye contact. They stared, spoke
sympathized with each other when we weren't looking. Humanity in all its glory
humanity in all its anxiety. It gave us perspective

6.

In the distance, a Boeing took off and I thought there he goes again on the way
to somewhere else. Even now he needed to escape. To land
where he could forget home. The women, the money, the booze and grandeur
before he got sick we complained about it. Now that he was dead
we wished him safe travels. The tide had to turn eventually. That he had to die
was likely the reason that we cried but decided to be strong and
think of our new lives without him

Lucas Hirsch

4.

In de ontvangsthal ontdeden we ons van onze beste mantels en stapten
een maatje kleiner de aula in. Er klonk muziek: *Music for Airports*
van Brian Eno. Vader had er specifiek naar gevraagd voordat hij
als een ander mens de dood werd ingelokt. Alsof hij niet te zwaar
mocht sterven vrat de kanker in tien dagen alle restjes van zijn hart
Ik kon zijn ribben zien en dacht daaronder brak, zonk en slonk het
tot de kern. Waar hij was gebleven was gezien het promillage opium
dat door zijn lichaam zwierf een rare vraag geweest dat ik
me permitteerde evenmin. Ik zag een kans te berekenen hoe lang
een lijdzaam leven duurt. Een mens moet immers ergens heen
met zijn vragen aan de dood

5.

Alsof het doodnormaal is dat iemand sterft op het tijdstip
dat de mensheid slaapt was je gegaan. We waren er akelig van
en gaven het moment en niet de dood de schuld van ons verdriet
Met een bloemenzee van het gangpad tot over je kist klotsend
lag je daar. Het rook er fijn door en stelde gerust. Onze ogen scanden
de aanwezigen. Ze knikten als er oogcontact. Ze staarden, praatten
troostten als we niet keken. De mens in al zijn glorie, de mens in al
zijn angsten. Het gaf ons overzicht

6.

In de verte steeg een Boeing op en ik dacht daar gaat hij weer op weg naar
ergens anders. Zelfs nu kon hij niet laten om te vluchten. Te landen
waar hij thuis vergeten kon. De vrouwen, het geld, de drank en de roem
Voordat hij ziek werd klaagden we erover. Nu hij dood was wensten we
behouden vaart. Het tij moest ergens keren. Dat hij daarvoor dood moest
gaan was wellicht de reden dat we huilden maar besloten fier te zijn en
nieuwe levens te bedenken zonder hem

7.

After we listened to a number of old friends, Miles played a few notes—
an antidote. If you give them the chance, men of a certain age will fill their surroundings
with childish bravado. Demand attention. Only their swallowing
between words betrays their desperation. The number of "I's"
that filled the speakers' throats revealed their level of fear
Talking about yourself keeps you from dying. There are many ways
to exorcise death

8.

Bruce Springsteen's *The Ghost of Tom Joad* rippled out of the speakers and
then it was up to us to say something. But what do you say if you already said
goodbye days ago and have calculated the exact last point at which you were all
together? Do you say that he is dead and once was Father? Perhaps a friend?
Do you say because he found peace he will never sit next to you on the couch again
and have a conversation about which you will think *whatever, can you
tone it down a bit?* Each of us gasped for words, crushed out a few sentences, looked
at our paper, looked up and fell silent

9.

Of course there was a poet with a poem:

*I find the song that fell out of your jacket pocket/ I use it to stanch
the bleeding / I fold it into a swallow / Then I fold an
anchor / and finally fold your full heart / You must know that I won't forget you /
even as I let go of your hands*

He looked as if she expected to lift off the ground but didn't do it
Instead she he tried to make eye contact, thus creating little moments
with each of us. He nodded as he read

7.

Na een aantal oude maten aangehoord te hebben speelde Miles wat noten
tegengif. Als je ze de kans geeft vullen mannen op leeftijd hun omgeving
met kinderlijke bravoure. Eisen ze de aandacht op. Allen het slikken
tussen de woorden verraadde radeloosheid. Het aantal ikken
dat de sprekers in hun kelen lieten klikken gaf de mate aan van angst
Door over jezelf te praten sterf je niet. Het bezweren van de dood
kent vele mogelijkheden

8.

The Ghost of Tom Joad van Bruce Springsteen kabbelde uit de speakers en
vervolgens was het aan ons om iets te zeggen. Maar wat zeg je als je dagen
terug al afscheid hebt genomen en het punt berekende waarvoor we allen
samen waren? Zeg je dat hij dood is of ooit vader was? Een vriend wellicht?
Zeg je dat hij eindelijk de rust gevonden nooit meer naast je op de bank
zal zitten een gesprek zal voeren waarvan je denkt dat zal wel, mag het
ook een onsje minder zijn? We hapten een voor een naar woorden
verfrommelden wat zinnen, keken naar ons blaadje, ervan op en vielen stil

9.

En tuurlijk was er een dichter met een gedicht:

*Ik vind het liedje dat uit je jaszak gevallen is / Ik gebruik het als een doekje
voor het bloeden / en vouw er een zwaluw van / Vervolgens vouw ik een
anker / en uiteindelijk jouw volle hart / Je moet weten dat ik je niet vergeet /
ook al laat ik nu je handen los*

Hij keek erbij alsof ze verwachtte ieder moment op te stijgen maar deed
het niet. In plaats daarvan probeerde ze hij door oogcontact te maken met een
ieder van ons momentjes te creëren. Hij knikte terwijl hij las

10.

After the last number it fell to mother
to deliver the final blow to her life with Pa. The mouth that opened
was economical. The words that were chosen to make sense of him were meager
We murmured a prayer and followed father to the grave lying in wait for him
a short ride up the road in the clammy cold weather of duty
I thought I recognized my marriage in all this and my heart sank

11.

We all stood looking into a freshly dug grave. A straight-sided
death-box we could fit into. But we didn't fall. We held our ground
by standing in a circle around the hole. To break with the straightforwardness of life
Everything shuddered in the rain. Everything dripped, bent and broke. That was it
Goodbye man, goodbye Pa, goodbye friend and enemy. Thanks for coming
Food and drinks were served at Pa's favorite cafe. They knew what he liked

12.

Once we'd eaten and were back home it was time for reflection
This threw silence into the struggle. In which my wife and I aimed arrows
at each other living in the house as two spirits
Hearts moved like cloud cover sometimes opening sometimes closing
I was moody and I asked my wife for her forecast
A few months later she answered our marriage
was finished. Dried out shriveled where once it was fertile
The rest was decomposing underwater and washed away
She was the flood and I was oil on the fire
She had a Devil's Fair to dispel and I chose to leave

10.

Na het laatste nummer aangehoord te hebben was het aan ma
een laatste klap te geven op het leven met pa. Zuinig was de mond
die open ging. Karig de woorden die gekozen werden hem tot zin te maken
We prevelden een gebed en volgden vader naar het graf dat een ritje verder
op hem lag te wachten in het waterkoude weer van dienst
Ik dacht er mijn huwelijk in te herkennen en kromp ineen

11.

We stonden in een vers gegraven graf te kijken. Een recht geschepte
dodendoos waarin we allen pasten. Maar we vielen niet. We hielden stand door in
een cirkel rond het gat te staan. Te breken met rechtlijnigheid van leven
Alles beefde in de regen. Alles droop, boog en brak. Dat was het dan
Dag man, dag pa, dag vriend en vijand. Uw komst werd zeer
op prijs gesteld. Er kon gegeten en gedronken worden bij de Toko
waar pa graag kwam. Ze waren op de hoogte van zijn wensen

12.

Eenmaal uitgegeten thuisgekomen was bezinning
Ze wierp stilte in de strijd. Waarop mijn vrouw en ik de pijlen
op elkaar gericht het huis bewoonden als twee geesten
Gemoed trok als een wolkendek soms open en weer dicht
Ik werd er wisselvallig van en vroeg mijn vrouw wat zij voorspelde
Een aantal maanden later gaf ze antwoord dat ons huwelijk
verzadigd was. Droog getrokken ingeklonken waar ooit vruchtbaar
De rest was verregaand verregend onder water staand verrot en
weggespoeld. Zij was de zondvloed en ik de olie op het vuur
Ze had een duivelskermis te verdrijven en ik besloot te gaan

Necropolis

in memoriam *Joost Zwagerman*

Woke in a hut on the Bay of Baratti under a blood moon
Barking dogs on hilltops ripped silence to pieces
held the dead in check, called me to vigilance
Chalk white light illuminated the sight of what was buried
I was the shadow that I saw and sought support in this dominion
Before me lay exposed: Necropolis, a landscape like a killing field
It came to confess but didn't yield
It waited until my plowing thoughts bore fruit
I thought, the poet that I have laid in this earth
sleeps here at my feet in this light
To fashion a person from clay is a wish of the living
but I knew that to love life you needed
to cherish the taste of oxygen in your lungs
It was a wakeful thought in the night
I brought a poet into the light, for whom did I hold a wake?
We both fought not to be, that night
but god how the sun kept shining

Lucas Hirsch

Necropolis

i.m. Joost Zwagerman

In een hut aan de Baai van Baratti onder een bloedmaan ontwaakt
Op heuveltoppen reten blaffende honden stilte aan stukken
hielden de doden in toom, maanden waakzaam op te staan
Krijtwit licht verlichtte het zicht op wat begraven lag
Ik was de schaduw die ik zag en zocht naar houvast in dit overwicht
Voor me lag ontbloot: Necropolis, een landschap als een dodenakker
Het kwam te biecht maar zwichtte niet
Het wachtte tot mijn ploegende gedachte vruchtbaar was
Ik dacht, de dichter die ik in de aarde heb gelegd
hij slaapt hier aan mijn voeten in dit licht
Om klei en stof tot mens te maken was een wens van levenden
Want ik wist om van het leven te houden moest je
de smaak van zuurstof in je longen lekker vinden
Het was een wakkere gedachte in de nacht
Ik had een dichter in het licht gelegd, voor wie hield ik een wake?
Beiden vochten we die nacht om niet te zijn
maar god wat scheen de zon

Absence is an Anchor

On a wet New Years day visited two old friends in Bergen[3]
One forced me to chew on language years ago
go through any hardship for the sake of art
The other lent me a hand climbing literature's wall
took him on a trip from New York to Pittsburgh and back again
They lay there brotherly as comrades in words
I didn't know what to say and pulled life towards me, my love
hid herself in her coat. I thought the rain, how much has to fall
before it's saturated?
How much death before you can call something a life?
Absence is an anchor
I gestured to my love that I wanted to leave
She saw my fear and nodded that we were going
And so we floated home understood the day
lay broken on the couch
The day had made clear to us that we the living die in life
when the dead have died
That we were nobody like the rain
Always cleaning, averse to order and full of doubt
the seeping poetry, the slipping life

Lucas Hirsch

Gemis is een anker

Op een natte nieuwjaarsdag twee oude vrienden in Bergen bezocht
De een dwong me jaren terug op taal te kauwen
alles voor de kunst ontberingen te ondergaan
De ander gaf me een pootje over de schutting van de letteren
nam ik mee op reis van New York naar Pittsburgh en weer terug
Ze lagen er gebroederlijk als naasten in het woord
Ik wist niet wat ik zeggen moest en trok het leven naar me toe, mijn lief
verschool zich in haar jas. Ik dacht de regen, hoeveel moet er vallen
voor verzadigd?
Hoeveel doden voor je iets een leven noemt?
Gemis is een anker
Ik wreef de wens te gaan in handgebaren langs mijn lief
Ze zag mijn angst en knikte dat we gingen
Waarop we huiswaarts gedreven opgebroken op de bank gelegen
de dag verstonden
Het had ons toegeroepen dat wij levenden bij leven sterven
als de doden stierven
Dat we niemand als de regen waren
Altijd schonend, wars van regelmaat en vol van twijfel
de sijpelende poëzie, het slippende leven

Poets Devour

Ate watermelon with Ginsberg this morning
Completely sober with Harmens for coffee
talked about the nature of the beast
In the afternoon, hungry as grief
I fried an egg with Pessoa,
we discussed accounts
In the evening the shelf-life of lettuce with Kopland
Dessert with Lucebert and
in the late evening sun I met Turkka in the garden
She spoke with her as if she were wondrous animals
Rarely have I heard a poet speak of
loneliness more tenderly
she ate right out of our hearts

Lucas Hirsch

Dichtersvreten

Vanochtend met Ginsberg watermeloen gegeten
Bij de koffie met Harmens geheel nuchter
over de aard van het beestje geboomd
's Middags bakte ik, hongerig
als verdriet, met Pessoa een ei
Ik besprak met hem het kasboek
Met Kopland 's avonds de houdbaarheid van sla
Het dessert met Lucebert en
in de late avondzon trof ik Turkka in de tuin
Ze sprak ermee als ware hij wonderlijke dieren
Zelden hoorde ik een dichter tederder
over eenzaamheid verhalen
at ze zo van onze harten

Don't kill the poets

Say that you are moved
Or that it grabs you by your energetic balls
Makes you gasp for oxygen like a fish on dry land
It echoes in your sleep, your waking state, your body
Confuses, depresses, agitates
That Cruijff was very skilled with balls
A car has feminine curves
The food tastes good and paintings, wall carpets, the photos
are pictures of people, animals, things
Old art looks artsy
Modern, modern to its core that disturbs the core
Say you just don't know
Say nothing if necessary and take for granted
that you can't find the words
But don't call something poetic
Don't kill the poets

Lucas Hirsch

Dood de dichters niet

Zeg dat je geroerd bent
Of dat het je bij je energetische kloten grijpt
Je als een vis op het droge naar zuurstof doet happen
Het nadreunt in je slaap, je wakende toestand, je lijf
Verwart, bedrukt, beroert
Dat Cruijff heel kundig is was met ballen
Een auto vrouwelijke rondingen heeft
Het eten smaakt en schilderingen, wandtapijten, foto's
plaatjes zijn van mensen, dieren, dingen
Oude kunst kunstig oogt
Modern, modern van kern de kern beroert
Het even niet weet
Zeg zo nodig niets en neem voor lief
dat je de taal niet vinden kan
Maar noem iets niet poëtisch
Dood de dichters niet

Not the tree

I don't bother writing a poem
Not really
The tree does that in front of my window as it stands in the morning
and rustles
Or is that the wind?
I don't see that
I see the swaying of branches, of leaves
and sometimes a trunk
I feel the wind
Not the tree
Or I do if it lets the sun peek through his canopy
The nerve endings in my cheek
and forehead
and hands say that it is hot
Thus the tree warms me or is it the star that we in our confusion
call the sun?
Poetry is stabbing where it hurts and then stabbing harder
And being ashamed of the pain so that you can then write about it
Poetry is thus like the sun or should I say star?
Or tree that lets light shine through canopy
Sunshine seems to reach the earth with a solar wind
Seeing the wind is thus possible
Or is that not the wind that I usually only feel?
Language, it remains makeshift
And don't get me started about poetry
That is pretending that you have something special to say while you can just
feel, shut up, not write it down
As if the tree
the sun that is really a star
or the wind cares at all

Lucas Hirsch

Niet de boom

Ik doe geen moeite om een gedicht te schrijven
Niet echt
Dat doet de boom voor mijn raam zoals hij in de ochtend staat
en ruist
Of is dat de wind?
Die zie ik niet
Ik zie het wiegen van takken, van bladeren
en soms een stam
Voelen doe ik de wind
Niet de boom
Of toch wel als hij de zon door zijn kruin laat piepen
De zenuweinden in mijn wang
en voorhoofd
en handen zeggen dat het heet is
Dus warmt de boom mij of is het de ster die we verward
zon zijn gaan noemen?
Poëzie is prikken waar het pijn doet en dan harder prikken
En je schamen voor die pijn om er vervolgens over te schrijven
Poëzie is dus als de zon of moet ik ster zeggen?
Of boom die licht door bladerdak laat schijnen?
Zonneschijn schijnt met een zonnewind de aarde te bereiken
Wind zien kan dus wel
Of is dat niet de wind die ik normaliter alleen maar voel?
Taal, het blijft behelpen
En breek me de bek niet open over poëzie
Dat is net doen alsof je iets bijzonders te zeggen hebt terwijl je ook gewoon
kan voelen, zwijgen, laten op te schrijven
Alsof de boom
de zon die eigenlijk een ster is
of de wind het iets kan schelen allemaal

Poets Myth

I had heard so much about writing poetry that I it made me hot and bothered. I would become a poet and so I posed as one. Thus I saw nothing of my surroundings, the people, the trees, the flowers, existence. It became an unpleasant, obsessive exercise that increased the torment and I started to rebel against my environment. I hissed like a cat at foolish dogs. Against the place where I lived. I wanted to hide in bed but even that was unbearably warm for my body. I went into the garden and sat down but the late winter weather with its cool caress and its cold claws didn't love me or prevent me from burning with desire to be a poet and I screamed at the winter: What kind of terrible season are you? At which the weather reluctantly turned into summer and of course I couldn't cool down and shouted: I don't want this weather! Where is the autumn with its rain and days-long depressions? And again the weather changed but didn't give me what I wanted this time either. I was furious and screamed that I would banish the seasons. The consequence of my choice was complete and rigorous: time stood still. Seconds, minutes, hours, weeks, months and even years lost their borders. Humanity lived in seasonless confusion. In spite of everything I still had the heated urge to be a poet, but I couldn't manage it. In despair I turned to the sky and thought the moon, with its milky appearance, cools the night. Bring me the moon! And there was the moon in its full glory. She shone her soft light on my hot head and I didn't recognize what I had summoned and shouted angrily: Sun! What are you doing here? Only when the moon stood before me completely did I recognize her body and I scolded: You are worthless! With your pale mouth, your constant battered appearance and your futile attempt to be whole. You don't have an ounce of stamina or character. I despise you like the heat that keeps my brain from writing. Are you trying to be a poet too? Get rid of the night and bring me the daylight and the sun. When the night suddenly departed the people of the world woke up in confusion and desperation. Lovers saw themselves lying in bed suddenly undressed by daylight. Drunkards were ashamed. Birds in their nests didn't know if they should sing or be silent. Burning lamps and candles went out in the light. Astrologers who calculate the stars and the orbits of planets from almanacs felt caught because they woke up napping above their books and did not realize that the day was already here. Even the roosters didn't crow. Is that the sun? I shouted angrily. It is just like the moon! I commanded the sun to go and the waxing moon to come, the sea and the waves to be silent, and finally I commanded total darkness. I wrapped the earth in it and in this nothingness I found what I was looking for: a universe, a thought, some sentences and my place in it. Just for a moment, very insignificantly small and blissfully happy, cooled, muffled in balance, a poet

Dichtersmythe

Ik had zoveel over het schrijven van gedichten gehoord dat ik er verhit en rusteloos van raakte. Ik zou dichter worden en poseerde me dusdanig Daardoor zag ik niets van mijn omgeving, de mensen, de bomen, de bloemen, het zijn. Het werd een onaangename, obsessieve exercitie waardoor de kwelling toenam en ik me tegen mijn omgeving af ging zetten Ik blies als een kat tegen onnozele honden. Tegen de plek waar ik woonde Ik wilde me verbergen in bed maar ook dat was ondraaglijk warm aan mijn lijf. Ik stapte de tuin in en ging zitten maar het late winterweer met zijn koele streling en zijn koude klauwen beminde me niet en voorkwam niet dat ik brandde van verlangen dichter te zijn en ik schreeuwde tegen de winter: Wat ben jij voor een wreed seizoen? Waarop het weer met tegenzin in zomer overging en ik natuurlijk geen verkoeling vond en riep: Ik wil dit weertype niet! Waar is de herfst met zijn regen en zijn dagen durende depressies? En weer veranderde het weer maar gaf ook dit keer niet wat ik verlangde. Ik was furieus en schreeuwde dat ik de seizoenen in de ban zou doen. De consequentie van mijn keuze was compleet en rigoureus: de tijd stond stil. Seconden, minuten, uren, weken, maanden en zelfs jaren verloren hun grenzen. De mensheid leefde in seizoen loze verwarring. Ondanks alles had ik nog steeds de verhitte drang om dichter bij het dichterschap te komen maar het lukte niet. In wanhoop richtte ik me tot de hemel en dacht de maan brengt met zijn melkachtige verschijning verkoeling aan de nacht Breng me de maan! En daar was de maan in volle glorie. Ze scheen haar zachte licht op mijn hete hoofd en ik herkende niet wat ik had opgeroepen en riep kwaad: Zon! Wat doe je hier? Pas toen de maan volledig voor me stond herkende ik haar lichaam en ik schold: Je bent waardeloos! Met je bleke bek, je constante gehavende verschijning en je futiele poging heel te zijn. Je hebt geen greintje uithoudingsvermogen of karakter. Ik veracht je als de hitte die mijn brein weerhoudt te schrijven. Wil je soms ook dichter zijn? Laat de nacht gaan en breng me daglicht en de zon. Toen de nacht zo plots vertrok ontwaakten de mensen van de wereld in verwarring en ontreddering. Minnaars zagen zich plots ontbloot aan daglicht in bed liggen Dronkaards schaamden zich. Vogels in hun nesten wisten niet of ze moesten zingen of zwijgen. Ontstoken lampen en kaarsen doofden in het licht. Astrologen die de sterren en de banen van planeten berekenen aan de hand van almanakken voelden zich betrapt omdat ze boven hun boeken duttend wakker werden en niet door hadden dat de dag er al was. Zelfs de hanen kraaiden niet. Is dit de zon? Riep ik boos. Hij is net als de maan! Ik gebood de zon te gaan en de wassende maan te komen, de zee en de golven te zwijgen en uiteindelijk gebood ik totale donkerte. Ik pakte er de aarde mee in en in dit niets vond ik wat ik zocht: een universum, een gedachte wat zinnen en mijn plek daarin. Even maar, heel onbenullig klein en zaligmakend blij, verkoeld, gedempt in evenwicht een dichter

Nrityagram
Hessaraghatta, Bangalore India – December 2017

1.

At home before I go I exorcize the months with Netflix and sleep
Don't want to face anything
Can't tolerate a day awake
I feel depressed and smoke to forget
gram after gram after gram
I think I must be at least a hundred years old
given my age
I make myself useful, I do my best
I wake up, write, eat, make a living and sleep
To be useful, the sum of letters
must spell must
How like the rest I have become a slave
to hollow language

2.

A few seas further landed in a reality
that makes me cry. Odissi dancers from Nrityagram[4]
dance mudra's: the ten incantations of Vishnu
(fish, turtle, wild swine, half-man half-lion
a dwarf, a warrior with axe, Rama, Krishna's
older brother, Krishna, Buddha, and Kalkin)
touch cells that I know I have
but had never been able to put into words

Lucas Hirsch

Nrityagram
Hessaraghatta, Bangalore India – December 2017

1.

Thuis de maanden voor ik ga bezweren met Netflix en slaap
Niets onder ogen willen komen
Geen wakkere dag gedogen
Ik voel me depressief en rook om te vergeten
gram na gram na gram
Ik denk ik moet een jaar of honderd zijn
gezien de leeftijd die ik heb
Ik draai wel mee, ben de beroerdste niet
ontwaak, schrijf, eet, verdien en slaap
Tot nut zijn is een optelsom van letters
die moeten spellen
Hoe me als de rest tot slaaf gemaakt
aan holle taal te voegen

2.

Een aantal zeeën verder in een realiteit geland
waarvan ik huilen moet. Odissi-danseressen van Nrityagram
dansen mudra's: de tien avatars van Vishnu
(vis, schildpad, wild zwijn, half-mens half-leeuw
een dwerg, een krijger met bijl, Rama, de oudere broer
van Krishna, Krishna, Boeddha en Kalki)
raken cellen waarvan ik weet dat ik ze heb
maar nooit bespreekbaar maakte

3.

And on the third day seeing a moon in which I
recognize the zoom of fluorescent
lighting

And under it liters of sound of barking dogs
like hearing a cool undulating breeze from the sea
flow over the red clay lowlands

And the embalming scent of the jasmine
and a handful of crickets

And everything that coincides, is stationary and knows simplicity
clenches itself into a hammering hand
that comes to knock all my nerve ends loose

I break the day into evening and morning
because I sleep

I give no day away because I wake
in a rare kind of clarity

4.

Tigers, cobras, poisonous insects and the full, deep night in which I sleep
Fist-sized owls that sound like screeching monkeys between the branches
as if the Juggernaut is descending
in order to destroy paradise
The endless scraping of cricket's legs is also part of the night
within a bird that sounds like the warning
beep of a truck backing up
poisonous green parakeets, a dog named Guru
who sees his friend in the sun, makes the warm red earth his bed
I feed him stale biscuits every morning
He feeds me glances so that I must see what I feel
We howl at the moon each in our own way
Grand like him, outside
Small like me, in bed
So we are both where we need to be
Under the shared stars we dream of heroic deeds

Lucas Hirsch

3.

En op de derde dag een maan zien staan waarin ik
het fluorescerende zoemen van tl-verlichting
herken

En eronder liters geluid van blaffende honden
als een verkoelende golvende bries uit zee
over het roodkleiige laagland horen vloeien

En de gijzelende geur van de jasmijn
en een handvol krekels

En al wat samenvalt, stilstaat en eenvoud kent
balt zich samen tot een hamerende hand
die al mijn zenuweinden los komt kloppen

Ik breek de nacht in avond en in ochtend
want ik slaap

Ik geef geen dag weg want ik waak
in een zeldzaam soort van helder

4.

Tijgers, cobra's, giftige insecten en de volle, diepe nacht waarin ik slaap
Vuistgrote uiltjes die als krijsende apen tussen de takken klinken
alsof de Juggernaut neerdaalt
teneinde het paradijs te verdelgen
Ook het eindeloze schrapen van krekelpootjes ontbreekt 's nacht niet
met daarin een vogel die als het waarschuwende piepen
van een achteruitrijdende vrachtwagen klinkt
gifgroene grasparkieten, een hond die Guru heet
en in de zon zijn vriend ziet, de warme rode aarde tot bed neemt
Ik voer hem iedere ochtend slappe biscuitjes
Hij mij blikken dat ik zien moet wat ik voel
We huilen ieder op onze eigen manier naar de maan
Groots als hij, buiten
Klein als ik, in bed
Zo zijn we beiden op de plek waar we moeten zijn
Onder de gezamenlijke sterren dromen we van heldendaden

5.

For the first time
left the bubble
of Nrityagram
with some writers and poets
walked to Hesaraghatta
full of chaos, dust and apes
benumbed at a corner
feel the world beat
about my ears

6.

On night seven dreamed a new workable heart
It is resilient in color and lively in function

In this way I can finally process
the recent deaths
but I didn't cry

7.

In a country where everything constantly changes into something else
a person into an animal into a stone into a child into a stabbing hot season
into a god into a bird into a heavy rainfall into a whispered
thought into a curse into victory into an epic poem into a religious
controversy into a populist political mood into an islamophobic mass-
acre into an ignorant western attitude into a woman with knowledge into a
fatwa into something that doesn't apply to me into a nightmare into a dreamless
dream into waking in a sweat from the powerlessness that I feel if I try
to fall asleep in an early morning into a crying fit into a consoling
lightfal into a magical thinking into a god with elephant head into a wish
that I make into an Atman into a Brahman into an egg into a universe into
a psyche that I am looking for into a body that I have into a point in a larger
picture into a glance from my beloved into a land where everything constantly changes
into something else and nobody here finds it odd that I become nobody

Lucas Hirsch

5.

Na een aantal dagen
voor het eerst de bubbel
van Nrityagram verlaten
met wat schrijvers en dichters
naar Hesaraghatta gelopen
vol van chaos, stof en apen
op een hoek verstijfd
de wereld om mijn oren
voelen slaan

6.

In nacht zeven een nieuw en werkbaar hart gedroomd
Weerbaar van kleur is het en levendig in functie

Zo kan ik eindelijk de doden van de laatste tijd
een plek bedelen
maar huilen doe ik niet

7.

In een land waar alles constant in iets anders verandert
een mens in een dier in een steen in een kind in een stekend heet seizoen
in een god in een vogel in een zware regenbui in een gefluisterde verwen-
sing in een vloek in een overwinning in een episch lofdicht in een gods-
diensttwist in een populistische politieke teneur in een islamofobe moord-
partij in een onwetende westerse houding in een vrouw met kennis in een
fatwa in een ver-van-mijn-bedshow in een nachtmerrie in een droomloze
droom in een zwetend wakker worden van de onmacht die ik voel als ik in
slaap probeer te vallen in een vroege ochtend in een huilbui in een troosten
de lichtval in een magisch denken in een god met olifantenkop in een wens
die ik uitsprak in een Atman in een Brahman in een ei in een universum in
een psyche die ik zoek in een lichaam dat ik heb in een punt in een groter
plaatje in een blik van mijn lief in een land waar alles constant in iets anders
verandert en niemand die het raar vindt dat ik niemand word

8.

On day twenty fell through my resistance
dusted off the taoist meditation techniques
that I learned years ago
sat on a cushion and adjusted my breathing
to deep and regular
All sorts of things go
around in my head
I think I still have to do this, the wind, and that
the birds in the branches are the birds in my head
I build a nest of all-embracing in my crown
I keep my breath sober, my discomfort in control
After only five minutes they are capering
complaining, I want to get out of here
I sigh deeply again
Did I already sigh? I sigh and let the show begin again
Swim away, I sing
Am I sinking? I'm buzzing-shimmering!
I sensory me the potty-trained child
is the universe around me
is the universe in me
is all that is big, small
is an egg
is letting go
is confusing
is nonetheless thinking that who I am when I am made out of others' emotions
is what a tumbling thought I am
is a grimy body
experiencing me exhaling and opening my eyes
my body getting high on it and is pushed out of the depths
thrown out of the heights, pats!
Land
Looking at the crown of the tree
the I in me sees the green wavy cells through the leaves
the green wavy cells together are leaves
together are breathing
inhale this body while breathing
Nothing wavers, everything stands still
Undulates, get up!

Lucas Hirsch

8.

Op dag twintig door mijn weerstand gevallen
de taoïstische meditatietechnieken
die ik jaren terug geleerd heb afgestoft
gaan zitten op een kussen en mijn ademhaling
afgesteld op diep en regelmatig
Er ging van alles rond en
door mijn hoofd
Ik dacht ik moet nog dit, de wind, nog dat
de vogels in de takken zijn de vogels in mijn hoofd
Ik bouw een nest van alomvattend in mijn kruin
Ik houd mijn ademhaling sober, mijn ongemak in toom
Ze maken al na vijf minuten bokkensprongen
mekkeren, wil weg
Ik zucht nog maar eens diep
Zuchtte ik al eerder? zucht ik en laat het spel opnieuw beginnen
Zwem weg, zing ik
Zink ik? Ik zoem zinder!
Ik zintuigelijk ik is het zindelijke kind
is het universum om me heen
is het universum in mij
is al wat groot is, klein
is een ei
is laten gaan
is verwarrend
is desondanks denken wie ben ik als ik uit emoties van anderen besta
is wat ben ik een tuimelgedachte
is een beduimeld lijf
lijkt ik adem uit te ervaren en opent mijn ogen
waarop mijn lijf high van zijn en laten uit de diepte wordt geduwd
uit de hoogte wordt gegooid, pats!
Land
Kijk ik naar de kruin van de boom
staart de ik de groen golvende cellen door de bladeren
zijn de groen golvende cellen samen bladeren
zijn samen ademhalen
al ademend dit lijf inhaleren
Niets stokt alles staat stil
Golft, sta op!

Get up!
The I stands up
I stand up
Go with the I into an I-body
Falls in I-environment, coincides in being and
me and I become everything I
Not yesterday me, not tomorrow me but now me
makes ginger-lemon-cinnamon tea with honey
and swarms

9.

After day twenty one in a diminishing night went to bed
read myself to sleep and dreamed simply
At awakening meditaded a more conscious person, ate and wrote
I feel stretched and human for longer and see that I have forgotten
that being, some fruit and words cool my mood
I survive the winter by pushing my body out of my shadow
I unfold happiness
Day twenty two creeps by and I stare at nothing for a while and think it
could be fourty or fifty two
I count my blessings without feeling guilty
Its pouring rain
an avatar dances

Opstaan!
De ik staat op
Ik sta op
Ga met de ik een ik-lijf aan
Valt in ik omgeving, valt samen in zijn en
ik en ik alles worden ik
Niet gisteren ik, niet morgen ik maar nu ik
maakt gember-citroen-kaneel thee met honing
en zwermt

9.

Na dag eenentwintig in een korter wordende nacht naar bed gegaan
mezelf in slaap gelezen en eenvoudig gedroomd
Bij het ontwaken een bewuster mens gemediteerd gegeten en geschreven
Ik voel me langer mens en zie dat ik vergeten ben
dat zijn, wat fruit en woorden mijn gemoed doen koelen
Ik overwinter door mijn lijf mijn schaduw uit te duwen
Ik ontvouw geluk
Dagdeel tweeëntwintig kabbelt voort en ik staar wat voor me uit en denk het
kan ook veertig zijn of tweeënvijftig
Ik tel mijn zegeningen zonder schuldgevoel
Het valt met bakken uit de hemel
danst een avatar

Hampi

1.

On arriving in Hampi from Bangalore, rolled out of the sleeper bus
grabbed a rickshaw landed near the river in Hanumanland
I read the temple landscape as iconoclasm
A human-built, destroyed
and rebuilt thirst for meaning in
a monkey-created pile of boulders
where everything was worshipped, prayed for and commanded
I was melting asphalt under the waltzing wheels of the winter sun
The heat stung like angry bees
When I held still I buzzed
I became where I was and found a heart
It beat in the blazing sun
in the monkeys in the shade below
in the gleaming machete with which the market women
hacked open coconuts
in the incense-adorned service elephant
in the river where she was allowed to bathe twice a day
in the flowers of a scarce tree
in the thousand carved stone gods and goddesses for which men's
hearts yearn
I was so quiet that everything was right
That which became truth
raged in my body
like a changing season

Hampi

1.

Vanuit Bangalore in Hampi gearriveerd de slaapbus uit gerold
een riksja aangeschoten bij de rivier in Hanumanland beland
las ik een tempellandschap als een beeldenstorm
Een door mensen gebouwde, vernietigde
en herbouwde zucht naar zin in
een door apenhanden geschapen bolderpartij
waar alles werd aanbeden, gebeden en geboden
Ik was als smeulend asfalt onder de walsende wielen van de winterzon
De hitte stak als boze bijen
Toen ik stilhield zoemde ik
Ik werd waar ik was en trof een hart
Het klopte in de schetterende zon
in de apen eronder in de schaduw
in de blinkende machete waarmee marktkoopvrouwen
kokosnoten openhakten
in de bewierookte olifant van dienst
in de rivier waarin ze tweemaal daags mocht baden
in de bloemen van een schaarse boom
in de duizend uitgehouwen stenen goden en godinnen waar mensen-
harten hang naar hebben
Ik was zo stil dat alles klopte
Dat wat waarheid werd
als wisselend seizoen
in mijn lichaam woedde

2.

On New Year's Eve with an encouraging 'Sri Ram!' from descending believers
as support climbed the worn steps to the house of prayer on the mountain
where the last light would bless my year

First the god that dwelled between me and heaven had
to be visited. Even a poet believes in something I thought
when I reached the top entering the Yantrodharaka Hanuman Temple
and sat on my knees like an unbelieving beggar
to confess to the monkey god

Having read the possibility of an existence as an answer to my questions
in the eyes of an icon, thanked the divine insight
observed light getting murky, time
as if it were a revealed secret
whispering 'Sri Ram!' to latecomers
while descending in a pixelated dusk

Back at my hut I found a handful of monkeys on the roof
Instead of mountains, bolders, or unquestioning loyalty to Ram
the animals held mango tree leaves in their mouths and claws
They were gently sung away by the gardener

2.

Op oudejaarsdag met een bemoedigende 'Sri Ram!' van dalende gelovigen
als ruggensteun de uitgesleten treden naar het gebedshuis op de berg be-
klommen alwaar het laatste licht mijn jaar zou zegenen

Maar Eerst diende de god die tussen mij en de hemel huisde
bezocht te worden. Ook een dichter gelooft in iets dacht ik
toen ik de top bereikt de Yantrodharaka Hanuman Temple
betrad en als een ongelovige bedelaar op mijn knieën gezeten
te biecht ging bij de apengod

De mogelijkheid van een bestaan als antwoord op mijn vragen
in de ogen van een aap gelezen, zijn goddelijke inzicht bedankt
in het troebel wordende licht de tijd aanschouwd om vervolgens
Sri Ram! als een net gehoord geheim tegen laatkomers fluisterend
in het pixelige duister af te dalen

Eenmaal aangekomen bij mijn hut trof ik een handvol apen op het dak
In plaats van bergen, bolders of de onvoorwaardelijke trouw aan Ram had-
den de dieren bladeren van mangobomen in hun bek en klauwen
Ze werden door de tuinman zachtjes weggezongen

Kudle Beach

1.
In spite of the fire-throwing group of kids in dreadlocks expanding like a bacteria colony at sunset, the accompanying drum-pan flute-hula hoop-posturing-behavior of the free spirited yoga boys and girls of all ages on the beach in every imaginable position and the child soldiers dismissed from the Israeli army with death in their eyes, my stay on Kudle Beach was a happy one because of my encounter with the thirty-five-year-old chain necklace seller Lucky. And the place—a bay with coconut palms, sand as salt, some huts, cows, fishing boats, coffee, crepes, sweet fresh fruit, the sun and a sea as a sea should be: warm, choppy, but wadable, at night far from our hut but up to its steps in the morning, it was disarming

2.

One day, the chain seller Lucky linked our names. He asked about them when my love and I walked up the beach from the hut we slept in. We gave our names and he named the three of us: You, Lucas—he pointed at me, you Nikki—he pointed at my love, me Lucky—he pointed at himself. Lucki makes Lucky! Us lucky! Then I bought beads and he threaded a necklace in prayer to the gods. During our hand gesture driven conversations about the power of beads, children and tigers in hills went on a rampage as soon as the drums on the beach slept off their drunkenness, I caught my western conscience lying about how the world is devious and greedy. It exposed the deeply buried person I once was a lifetime ago. I had become what I was afraid of. A small elephant god that I was given protected me from evil and worse, paved the way
I was given kindness. It set the world
against the West, and I felt my Asian genes
had been silenced for far too long and The Arabian Sea had washed the smell of boiled sprouts from my hair. That this far east I was closer to my grandfather's Java

Kudle Beach

1.
Ondanks de zich als een bacteriekolonie uitdijende, vuurslingerende kluit dreadlocksjongeren bij zonsondergang, het daarbij horende getrommel-panfluit-hoelahoep-aanstelleritis-gedrag van vrijgeneukte, yogajongens en -meisjes in verschillende leeftijdscategorieën in alle standjes op het strand en de uit het Israëlische leger ontslagen kindsoldaten met de dood in hun ogen, was het verblijf door mijn ontmoeting met de vijfendertigjarige kettingverkoper Lucky op Kudle Beach een gelukkige. Ook de plek – een baai met kokospalmen, zand als zout, wat hutjes, koeien, vissersboten koffie, flensjes, zoet vers fruit, de zon, en een zee zoals een zee moet zijn: warm, woelig, maar doorwaadbaar, om bij nacht heel ver en in de ochtend tot het bordes van onze hut te staan, had ontwapenend gewerkt

2.

Op dag een verbond kettingenverkoper Lucky onze namen. Hij vroeg ernaar toen mijn lief en ik vanuit de hut waarin we sliepen het strand opliepen. We noemden onze namen en hij hoe we gedrieën heetten: You Lucas – hij wees naar mij, you Nikki – hij wees naar mijn lief, me Lucky – hij wees naar zichzelf. Lucki makes Lucky! Us lucky! Waarop ik kralen kocht en hij al knopend tot de goden biddend een ketting reeg. Tijdens onze handgebaarde gesprekjes over de kracht van kralen kinderen en tijgers in de heuvels die op rooftocht gingen zodra de trommels op het strand hun roes uitsliepen, betrapte ik mijn westerse geweten op de leugen dat de wereld slinks en happig is.
Het ontaardde de diep begraven mens die ik een leven terug ooit was. Ik was geworden waar ik angst voor had. Een kleine mee-geregen olifantengod behoedde me voor kwaad en erger, effende het pad
Er werd mij goedgezindheid omgehangen. Het zette de wereld
tegen het Westen af en ik voelde dat mijn Aziatische genen
veel te lang het zwijgen waren opgelegd en De Arabische Zee de geur van spruitjes uit mijn haren had gewassen. Dat ik zover oostwaarts dichterbij het Java van mijn opa was

Fort Cochin

Churches hung with neon lights, flashing Christ statues
temples, incense-cloaked gods and goddesses just like elephants
monkey heads, four, six or umpteen arms, tongues stuck out, skull
chains, third eyes, stars of David, mudras, swastikas, billboards
painted with hammers and sickles, God's Own Country Kerala slogans
towering bodhi trees, Dutch Colonial buildings, galleries, liquor stores,
Heritage Hotels, Javanese shops, hip coffee shops, brightly lit vegetable
stands, clothing studios, shiny car dealers, bars, mosques and in
between everyday life, whining transistor radios
minarets, car horns, clusters of rickshaws, street vendors, cows, dogs, goats
children in British school uniforms crossing the street holding
hands, taxis coming to a stop but not colliding, busses
and more rickshaws, handcarts, freight-carrying cyclists, buzzing scoot-
ers and motorbikes, people on the roofs of soot cloud-barfing buses
a suffocating amount of household trash, smoldering piles of household goods, dead
animals and everything that comes along and can burn along the road
net-setting fishermen by the river, the tankers on the dark shore
illuminated as they load and unload, stern looking cops
with brush-like mustaches and tight, white-gloved gestures, the pushy
behavior of the northern merchants in the state shops
the kindness of the chefs and the waiters in the Solar Café
on Bazaar Road where Rashid Khan's voice dripped from the speakers
They blessed our food, two mango shakes – so fresh that we instantly declared
them holy, our being, here and now. The city insisted that we let her absorb us
or otherwise give up

Lucas Hirsch

Fort Cochin

Neonlicht behangen kerken, knipperende Christusbeelden
tempels, in wierook gehulde goden en godinnen net olifanten dan wel
apenkoppen, vier, zes of tigtal armen, uitgestoken tongen, schedel-
kettingen, derde ogen, davidsterren, mudra's, swastika's, met hamers
en sikkels beschilderde billboards, God's Own Country Keralaslogans
torenhoog bodhibomen, voc-gebouwen, galeries, drankhandels,
Heritage Hotels, Javaanse toko's, hippe koffietentjes, hel verlichte groente-
stallen, kledingateliers, blinkende autodealer, barretjes moskeeën en er-
tussen het dagelijks leven, jengelende transistorradio's
minaretten, claxons, clusters riksja's, straatverkopers, koeien, honden, gei-
ten, kinderen in Britse schooluniformen hand in hand de straat overste-
kend, tot stilstand maar niet tot botsen komende taxi's, busjes
nog meer rijksja's, handkarren, vrachtvervoerende fietsers, zoemende scoo-
ters en motoren, mensen op daken van roetwolkbrakende bussen
een verstikkende hoeveelheid huisvuil, smeulende hopen huisraad, dode
dieren en al wat aan kwam waaien en kan branden langs de web weg
nettenuitzettende vissers bij de rivier, de in het licht gelegen ladende en
lossende tankers aan de donkere overkant, streng ogende politiemannen
met borstelnorren en strakke, witgehandeschoende gebaren, de dwingende
handelswijze van de noordelijke handelaren in de staatswinkels
de zalvende handelingen van do koks en de bedieningen in het Solar Café
aan Bazaar Road waar het stemgeluid van Rashid Khan uit de spearkers droop
Ze zegenden ons eten, twee mangoshakes – zo vers dat we ze instant heilig
verklaarden, ons zijn, alhier en nu. De stad beval ons in haar op te gaan of
anders op te geven

2.

The Greenwoods Bethlehem Home Stay
was our shelter that night

When we got there we were given the blessings
of the house, of the hostess Sheeba, her husband
and children. Jesus never felt so safe

In the morning we were told
that we could stay longer
The room was ours for the week

We found the fuel there
to absorb a city

3.

Later that day in the spice district I heard my love say
that she saw her father and pointed to a man at a stall
with spices, figurines, trinkets. Where her father stood before her
my grandfather stood before me

We had so slowly mapped out the memories
after his death and they seemed to fall
into place much better here
than they ever did at home
It was a revelation

To be able to live in absence you have to be present elsewhere
and we understood the place where he had spent his time
but didn't mention whenever there were questions about baboos
kampongs, Indos
He spent a lot of time staring into the distance that man

I thought once you knew where you came from
there was the chance to meet yourself in another
To feel at home wherever you are when you recognize yourself

We thought we had seen ourselves
We had the genes for it

Lucas Hirsch

2.

De Greenwoods Bethlehem Home Stay
was die nacht ons onderdak

Bij binnenkomst ontvingen we de zegeningen
van het huis, van hostess Sheeba, haar gemaal
en kinderen. Jezus voelde nooit zo veilig

In de ochtend ontvingen we bericht
dat we langer konden blijven
De kamer was die week van ons

We vonden er de brandstof
om een stad te absorberen

3.

Later die dag hoorde ik mijn lief in de specerijenwijk zeggen
dat ze haar vader zag staan en wees een man aan bij een kraam
met kruiden, beeldjes, snuisterijen. Waar voor haar haar vader stond
stond voor mij mijn opa

We hadden de herinneringen na zijn overlijden
zo langzaam aan in kaart gebracht en leken hier
veel beter op hun plaats te zijn
dan ze thuis ooit waren
Het was een openbaring

Om afwezig te kunnen leven moet je elders aanwezig zijn
en we begrepen de plek waar hij zijn tijd had doorgebracht
maar zelden thuis gaf als er vragen waren over baboes
kampongs, Indo's indo's
Hij had wat afgestaard die man

Ik dacht wanneer je eenmaal wist waar je vandaan kwam
dan bestond de kans jezelf in een ander te ontmoeten
Je thuis te voelen waar je bent als je jezelf erkend

We waanden ons gezien
We hadden er de genen naar

Sober Machine

1.

The fear of things in the silence of the nocturnal house
the shivering heating pipes
the whizzing nothing of the dark
the rustle of mice in the ceiling
the rats in the garden
the nervous scurrying and scratching of the cat at my bedroom door
the tossing and turning about tossing and turning in bed
the thought of the thought of having thoughts
the noise in my skin
the heat I generate
by being made up of the emotions of others
the fervent wish to be a little more deaf
like a prayer to repeat because
that afternoon in the busy supermarket
I loaded nothing and everything into my cart
at home closed the shutters
waited for the end of the day
let the night be
cranked up the sober machine
and slept

2.

Like laying in the bathtub for a long time
I feel my skin glide from my structure
like a rubber glove
I live all kinds of lives
but embody nothing
I'm not old, not young
can't get me to make sense
I know that those who have time
surrender too much to thinking
Counting wrinkles
will wear them down
to the bone

Nuchtere Machine

1.

De angst voor de dingen in de stilte van het nachtelijk huis
de rillende verwarmingsbuizen
het suizende niets van het duister
het ritselen van muizen in het plafond
de ratten in de tuin
het nerveuze gedrentel en gekras van de kat aan mijn slaapkamerdeur
het woelen door het woelen in het bed
de gedachte aan de gedachte gedachten te hebben
de ruis in mijn huid
de hitte die ik genereer
door uit emoties van anderen te bestaan
de vurige wens wat dover te zijn
als een gebed te herhalen omdat ik
's middags in een drukke Albert Heijn
niets en alles in mijn karretje laadde
bij thuiskomst de luiken sloot
de dag afwachtte
het nacht liet zijn
de nuchtere machine aan slingerde
en sliep

2.

Als na lang in bad gelegen te hebben
huid als gummihoes
van mijn structuur voelen glijden
leef ik van alles
maar belichaam niets
Ik ben niet oud, niet jong
niet zinnig te krijgen
Ik weet dat wie tijd heeft
te veel aan denken toelaat
Al ribbelingen tellend
tot het bot
wordt uitgebeend

3.

I'm not happy
Or unhappy
I have black nights
I have white and during the day
the sound of something skittish in between
These are murky requirements to get up for
to open the curtains
because I know the weather
in all types and sizes
can take on a form
in my head
It's the small things that determine
how I get through the day
What is unlocked

4.

Everything needs a break lately
To extinguish the things that make you hungry
To put ambition in a box
To find the heart of my nature
If there is peace there is order
I can see where I stand
move away
disappear

5.

I decide not to be there
On Tuesday be conspicuous
by my absence
On Wednesday imagine
how I can stretch the hours
until it's Thursday
Use them on Friday to cover the weekend
Monday I think of
the days that I miss
it is so much of nothing
I see myself counting it up

Lucas Hirsch

3.

Gelukkig ben ik niet
Ongelukkig evenmin
Ik heb zwarte nachten
Ik heb witte en gedurende de dag
de toon ertussen van iets schichtigs
Het zijn troebele voorwaarden om voor op te staan
het gordijn te openen
omdat ik weet dat het weer
in alle soorten en maten
gestalte aan kan nemen
in mijn hoofd
Het hangt van kleine dingen af
hoe ik de dag doorkom
Wat er ontsloten wordt

4.

Alles vraagt om een pauze de laatste tijd
Om het doven van de dingen die hongerig maken
Om bekisting van ambitie
Van aard de haard te vinden
Als er rust is is er orde
Kan ik zien waar ik sta
heen beweeg
verdwijn

5.

Ik besluit er niet te zijn
Op dinsdag door afwezigheid
te schitteren
Om woensdag te verzinnen
hoe ik de uren uitsmeer
tot het donderdag wordt
Op vrijdag er het weekend mee afdek
Maandag denk ik
de dagen die ik mis
het is zoveel aan niets
Ik zie mezelf tellen

6.

The closing of the old shutters
the light piercing through the cracks
the swirling dust in it
the cat sleeping underneath
it is poetry
that I want
but can't write

I must feel thankful
I must be thankful
Thankful for everything
But I'm not

Sometimes in all that light
it is too dark and
I'm looking for balance
in what is
and isn't illuminated, eclipsed
becomes and exists

7.

I conclude that I am not
made up of other people's emotions
or out of time or doing nor
am I created in the image
of God

That I long for the wrong material
Use an incorrect formula
Unravel

To protect ones' nerves, one wears its skin on the outside
the insight that I got

I have depended too much on acting
it oppresses my heart, my body, my sanctuary

Lucas Hirsch

6.

Het sluiten van de oude luiken
het door de kieren priemende licht
het dwarrelende stof daarin
de kat eronder slapend
is poëzie
die ik wel wil
maar niet kan schrijven

Ik moet me dankbaar voelen
Ik moet dankbaar zijn
Voor alles dankbaar
Maar ik ben het niet

Het is me soms in al dat licht
te duister en
ik zoek evenwicht
in wat er wel
en niet belicht, verduisterd
wordt en is

7.

Ik concludeer dat ik niet
uit emoties van anderen besta
uit tijd en handelen of
naar godsbeeld mens
geschapen ben

Dat ik verkeerde materie begeer
Een foutieve formule hanteer
Ontrafel

Een jas van zenuweinden hangt men huid naar buiten om
het inzicht dat ik kreeg

Ik heb te veel aan handelen gedragen
het knelt mijn hart, mijn lijf, mijn leger af

Notes

[1] Vlieland is a Dutch island in the north of the country. Vlieland is part of a group of island called 'De Wadden'. Germany and Denmark also have Wadden islands but Vlieland is considered to be one of the most beautiful of them. It is a favorite holiday destination for Dutch people.

[2] Devil's Fair is one possible translation of the Dutch term for a sun shower

[3] Bergen is a famous Dutch artist community. The friends refer to here are: Lucebert and Joost Zwagerman. They are buried there amongst other well known artists.

[4] Odissi is an ancient Indian classical dance that originated in the Hindu temples of Odish. Nrityagram is a "one of a kind community where dance is a way of life" – a training ground for Indian dance – and everything that goes with it.

Acknowledgements

We are grateful to publishers who printed these poems in earlier versions

The Devil's Fair appeared in *Copper Nickel*
Lament and Necropolis appeared in *The Literary Review*

About the Author and Translator

Lucas Hirsch (1975) has an MA in American Studies from the University of Amsterdam and is the author of five collections of poems: *familie gebiedt* (De Arbeiderspers, 2006), *tastzin* (De Arbeiderspers, 2009), *Dolhuis* (De Arbeiderspers, 2012), *Ontsla me van alles wat ik liefheb* (De Arbeiderspers, 2015), and *Wu wei eet een ei* (De Arbeiderspers, 2020). Hirsch published his poems in (several) Dutch, Belgian, and American magazines (*Copper Nickel, Pleiades, Literary Review*) and performed on stages in The Netherlands, India, Belgium and the USA. In May 2011 and May 2016 Lucas Hirsch was a guest at the Ledig House, international writers residency at Art Omi, New York. Hirsch was a guest teacher at Columbia University in 2012 and 2016. He also developed a poetry game app called Puzzling Poetry. It was presented at the 2016 Buchmesse in Frankfurt. It was followed by a children's edition called Puzzling Poetry Schatkist in 2018. Hirsch teaches creative writing at high schools around The Netherlands and gives workshops to aspiring poets. In December 2017 he was writer in residency at Sangam House – Nrityagram, India. In February 2019 his debut novel: *De Weinigen (Of de bankier in de buik van het beest)* was published.

Hirsch currently is working on his sixth book of poetry *Kintsugi* (September 2025) and recently (2022) published *Shotgun Wedding* – a novel about mourning and friendship.

Donna Spruijt-Metz's debut poetry collection was *General Release from the Beginning of the World* (2023, Free Verse Editions). Her second collection is *To Phrase a Prayer for Peace'* (2025, Wildhouse Press). She is an emeritus psychology professor, MacDowell fellow, rabbinical school drop-out, and former classical flutist. Her chapbooks include *Slippery Surfaces, And Haunt the World* (with Flower Conroy) and *Dear Ghost* (winner, Harbor Review Editor's prize). She lived in the Netherlands for 22 years and translates Dutch poetry. Her poems and translations appear or are forthcoming at The Academy of American Poets, and in the *Alaska Quarterly Review, Copper Nickel, The American Poetry Review*, and elsewhere. She has taught poetry workshops focusing on Psalms and other biblical texts for Hudson Valley Writer's Center and for Temple Israel of Hollywood. Her collaborative book with Flower Conroy, *And Scuttle My Balloon*, is forthcoming from Pictureshow Press in 2025. Her website is at donnasmetz.com.

The Jewish Poetry Project

jpoetry.us

Ben Yehuda Press

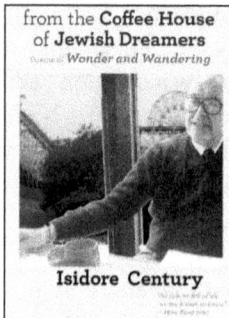

From the Coffee House of Jewish Dreamers: Poems of Wonder and Wandering and the Weekly Torah Portion by Isidore Century

"Isidore Century is a wonderful poet. His poems are funny, deeply observed, without pretension." —*The Jewish Week*

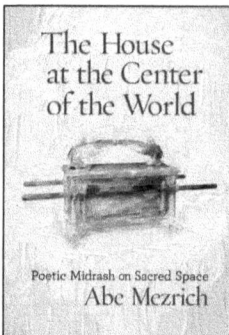

The House at the Center of the World: Poetic Midrash on Sacred Space by Abe Mezrich

"Direct and accessible, Mezrich's midrashic poems often tease profound meaning out of his chosen Torah texts. These poems remind us that our Creator is forgiving, that the spiritual and physical can inform one another, and that the supernatural can be carried into the everyday."
—Yehoshua November, author of *God's Optimism*

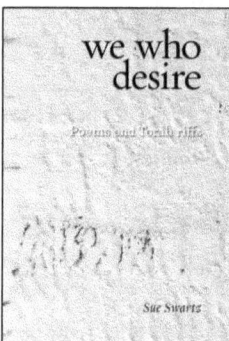

we who desire: Poems and Torah riffs by Sue Swartz

"Sue Swartz does magnificent acrobatics with the Torah. She takes the English that's become staid and boring, and adds something that's new and strange and exciting. These are poems that leave a taste in your mouth, and you walk away from them thinking, what did I just read? Oh, yeah. It's the Bible."
—Matthue Roth, author, *Yom Kippur A Go-Go*

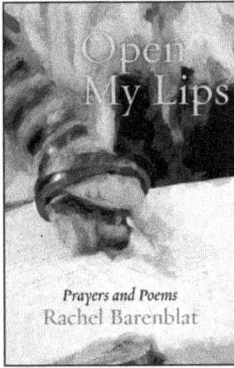

Open My Lips: Prayers and Poems
by Rachel Barenblat

"Barenblat's God is a personal God—one who lets her cry on His shoulder, and who rocks her like a colicky baby. These poems bridge the gap between the ineffable and the human. This collection will bring comfort to those with a religion of their own, as well as those seeking a relationship with some kind of higher power."
—Satya Robyn, author, *The Most Beautiful Thing*

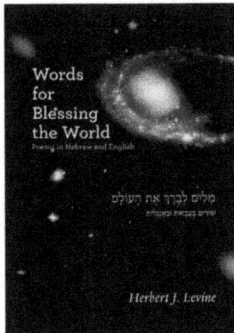

Words for Blessing the World: Poems in Hebrew and English by Herbert J. Levine

"These writings express a profoundly earth-based theology in a language that is clear and comprehensible. These are works to study and learn from."
—Rodger Kamenetz, author, *The Jew in the Lotus*

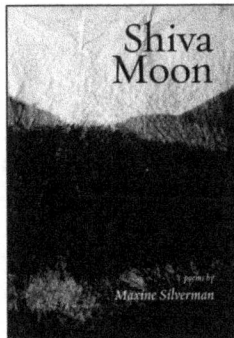

Shiva Moon: Poems by Maxine Silverman

"The poems, deeply felt, are spare, spoken in a quiet but compelling voice, as if we were listening in to her inner life. This book is a precious record of the transformation saying Kaddish can bring. It deserves to be read."
—Howard Schwartz, author, *The Library of Dreams*

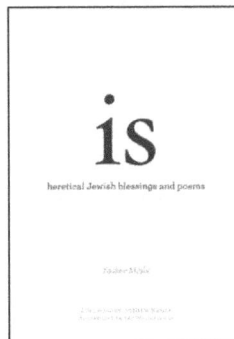

is: heretical Jewish blessings and poems by Yaakov Moshe (Jay Michaelson)

"Finally, Torah that speaks to and through the lives we are actually living: expanding the tent of holiness to embrace what has been cast out, elevating what has been kept down, advancing what has been held back, reveling in questions, revealing contradictions."
—Eden Pearlstein, aka eprhyme

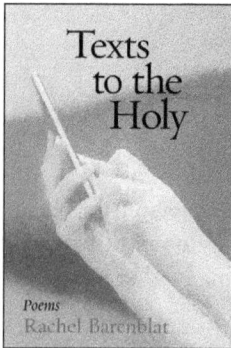

Texts to the Holy: Poems
by Rachel Barenblat

"These poems are remarkable, radiating a love of God that is full bodied, innocent, raw, pulsating, hot, drunk. I can hardly fathom their faith but am grateful for the vistas they open. I will sit with them, and invite you to do the same."
—Merle Feld, author of *A Spiritual Life*

The Sabbath Bee: Love Songs to Shabbat
by Wilhelmina Gottschalk

"Torah, say our sages, has seventy faces. As these prose poems reveal, so too does Shabbat. Here we meet Shabbat as familiar housemate, as the child whose presence transforms a family, as a spreading tree, as an annoying friend who insists on being celebrated, as a woman, as a man, as a bee, as the ocean."
—Rachel Barenblat, author, *The Velveteen Rabbi's Haggadah*

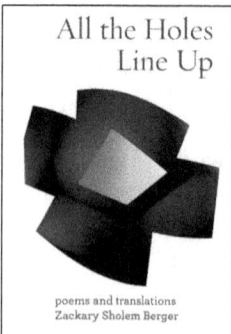

All the Holes Line Up: Poems and Translations
by Zackary Sholem Berger

"Spare and precise, Berger's poems gaze unflinchingly at—but also celebrate—human imperfection in its many forms. And what a delight that Berger also includes in this collection a handful of his resonant translations of some of the great Yiddish poets."
—Yehoshua November, author of *God's Optimism* and *Two Worlds Exist*

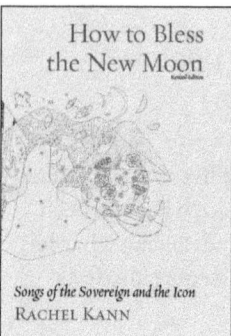

How to Bless the New Moon:
Songs of the Sovereign and the Icon
by Rachel Kann

"Rachel Kann is a master wordsmith. Her poems are rich in content, packed with life's wisdom and imbued with soul. May this collection of her work enable more of the world to enjoy her offerings."
—Sarah Yehudit Schneider, author of *You Are What You Hate*

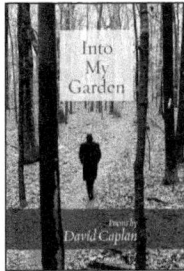

Into My Garden: Prayers
by David Caplan

"The beauty of Caplan's book is that it is not polemical. It does not set out to win an argument or ask you whether you've put your tefillin on today. These gentle poems invite the reader into one person's profound, ambiguous religious experience."
—*The Jewish Review of Books*

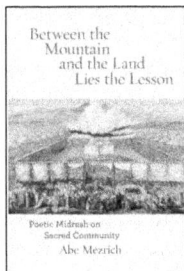

Between the Mountain and the Land is the Lesson:
Poetic Midrash on Sacred Community by Abe Mezrich

"Abe Mezrich cuts straight back to the roots of the Midrashic tradition, sermonizing as a poet, rather than ideologue. Best of all, Abe knows how to ask questions and avoid the obvious answers."
—Jake Marmer, author, *Jazz Talmud*

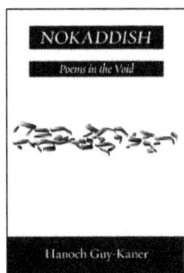

NOKADDISH: Poems in the Void
by Hanoch Guy Kaner

"A subversive, midrashic play with meanings–specifically Jewish meanings, and then the reversal and negation of these meanings."
—Robert G. Margolis

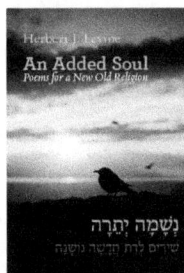

An Added Soul: Poems for a New Old Religion
by Herbert J. Levine

"Herbert J. Levine's lovely poems swing wide the double doors of English and Hebrew and open on the awe of being. Clear and direct, at ease in both tongues, these lyrics embrace a holiness unyoked from myth and theistic searching."
—Lynn Levin, author, *The Minor Virtues*

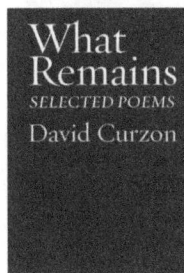

What Remains
by David Curzon

"Aphoristic, ekphrastic, and precise revelations animate WHAT REMAINS. In his stunning rewriting of Psalm 1 and other biblical passages, Curzon shows himself to be a fabricator, a collector, and an heir to the literature, arts, and wisdom traditions of the planet."
—Alicia Ostriker, author of *The Volcano and After*

The Shortest Skirt in Shul
by Sass Oron

"These poems exuberantly explore gender, Torah, the masks we wear, and the way our bodies (and the ways we wear them) at once threaten stable narratives, and offer the kind of liberation that saves our lives."
—Alicia Jo Rabins, author of *Divinity School*, composer of *Girls In Trouble*

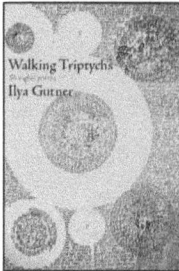

Walking Triptychs
by Ilya Gutner

These are poems from when I walked about Shanghai and thought about the meaning of the Holocaust.

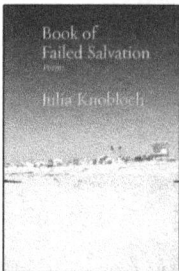

Book of Failed Salvation
by Julia Knobloch

"These beautiful poems express a tender longing for spiritual, physical, and emotional connection. They detail a life in movement—across distances, faith, love, and doubt."
—David Caplan, author, *Into My Garden*

Daily Blessings: Poems on Tractate Berakhot
by Hillel Broder

"Hillel Broder does not just write poetry about the Talmud; he also draws out the Talmud's poetry, finding lyricism amidst legality and re-setting the Talmud's rich images like precious gems in end-stopped lines of verse."
—Ilana Kurshan, author of *If All the Seas Were Ink*

The Red Door: A dark fairy tale told in poems
by Shawn C. Harris

"THE RED DOOR, like its poet author Shawn C. Harris, transcends genres and identities. It is an exploration in crossing worlds. It brings together poetry and story telling, imagery and life events, spirit and body, the real and the fantastic, Jewish past and Jewish present, to spin one tale." —Einat Wilf, author, *The War of Return*

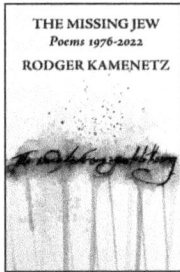

The Missing Jew: Poems 1976-2022
by Rodger Kamenetz

"How does Rodger Kamenetz manage to have so singular a voice and at the same time precisely encapsulate the world view of an entire generation (also mine) of text-hungry American Jews born in the middle of the twentieth century?"
—Jacqueline Osherow, author, *Ultimatum from Paradise* and *My Lookalike at the Krishna Temple: Poems*

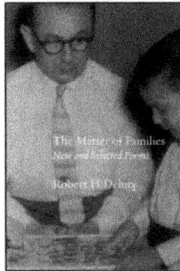

The Matter of Families
by Robert H. Deluty

"Robert Deluty's career-spanning collection of New and Selected poems captures the essence of his work: the power of love, joy, and connection, all tied together with the poet's glorious sense of humor. This book is Deluty's masterpiece."
—Richard M. Berlin, M.D., author of *Freud on My Couch*

There Is No Place Without You
by Maya Bernstein

"Bernstein's poems brim with energy and sound, moving the reader around a world mapped by motherhood, contemplation, religion, and the effects of illness on the body and spirit. Her language is lyrical, delicate, and poised; her lens is lucid and original."
—Anthony Anaxagorou, author of *After the Formalities*

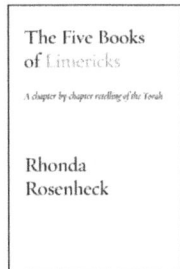

Torah Limericks
by Rhonda Rosenheck

"Rhonda Rosenheck knows the Hebrew Bible, and she knows that it can stand up to the sometimes silly, sometimes snarky, but always insightful scholarship packed into each one of these interpretive jewels."
—Rabbi Hillel Norry

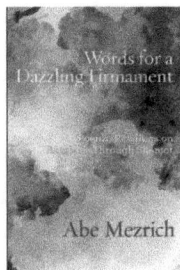

Words for a Dazzling Firmament
by Abe Mezrich

"Mezrich is a cultivated craftsman: interpretively astute, sonically deliberate, and spiritually cunning."

—Zohar Atkins, author of *Nineveh*

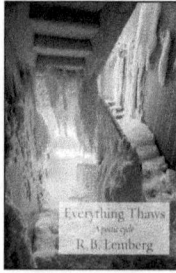

Everything Thaws
by R. B. Lemberg

"Full of glacier-sharp truths, and moments revealed between words like bodies beneath melting permafrost. As it becomes increasingly plain how deeply our world is shaped by war and climate change and grief and anger, articulating that shape feels urgent and necessary."
—Ruthanna Emrys, author of *A Half-Built Garden*

Ode to the Dove: *An illustrated, bilingual edition of a Yiddish poem by Abraham Sutzkever*
Zackary Sholem Berger, translator
Liora Ostroff, Illustrator

"An elegant volume for lovers of poetry."
—Justin Cammy, translator of *Sutzkever, From the Vilna Ghetto to Nuremberg: Memoir and Testimony*

Poems for a Cartoon Mouse
by Andrew Burt

"Andrew Burt's poetry magnifies the vanishingly small line between danger and safety. This collection asks whether order is an illusion that veils chaos, or vice-versa, juxtaposing images from the Bible with animated films."
—Ari Shapiro, host of NPR's *All Things Considered*

Old Shul
by Pinny Bulman

"Nostalgia gives way to a tender theology, a softly chuckling illumination from within the heart of/as a beautiful, broken sanctuary, somehow both gritty and fragile, grimy and iridescent – not unlike faith itself."
—Jake Marmer, author of *Cosmic Diaspora*

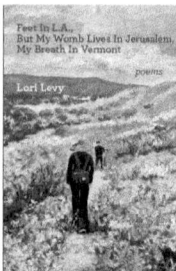

Feet In L.A., But My Womb Lives In Jerusalem, My Breath In Vermont
by Lori Levy

"Takes my breath away. With no pretense whatsoever, they leap, alive, from the page until this reader felt as if she were living Levy's life. How does the author do it?"
—Mary Jo Balistreri, author of *Still*

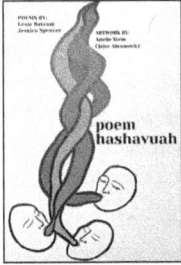

Poem Hashavuah
by Lexie Botzum and Jessica Spencer

"This collection illuminates the white fire of the Torah — the ancient and modern literary interpretations that carve out the negative space of the Torah's letters so that they dance before us as joyously as when they were given in fire on Sinai."
—Ilana Kurshan, author of *If All the Seas Were Ink*

Bits and Pieces
by Edward Pomerantz

"A natural dramatist who looks back on his life growing up in Washington Heights in a series of vivid vignettes inspired by his early moviegoing."
—Robert Vas Dias, author of *Poetics Of Still Life: A Collage*

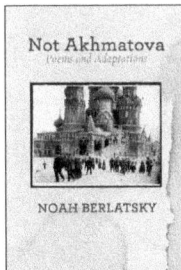

Not Akhmatova
by Noah Berlatsky

"In these poems, Noah Berlatsky approaches the work of Anna Akhmatova—or scrambles off in another direction entirely. Writing under the sign of her name, with her but without trying to become her, Berlatsky gives us Anna in transcreation, in transelation."
—Sarah Dowling, author of *Entering Sappho*

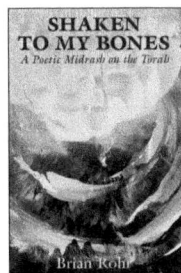

Shaken to My Bones
by Brian Rohr

"In Brian Rohr's exquisite poems, wonders unfold. We are taken along on a journey both ancient and immediate — one that is rewarding beyond comparison."
—Baruch November, author of *Bar Mitzvah Dreams*

So Many Warm Words: Selections from the Poetry of Rosa Nevadovska, translated by Merle L. Bachman

"This bilingual edition makes Nevadovska's oeuvre—poems of loneliness and longing countered by others expressing joyous moments of transcendence—accessible, for the first time, to the English reader."
—Sheva Zucker, editor emerita of *Afn Shvel*.

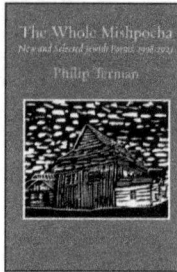

The Whole Mishpocha
by Philip Terman

"Gathers the Jewish-themed poems of an accomplished poet who has been producing memorable work on the Jewish-American experience for decades. I have long admired Terman's exceptional poems for their Jewish ethos, beautiful lyricism, and emotional risk taking."
—Yehoshua November, author of *God's Optimism*

Styx by Else Lasker-Schüler
translated by Mildred Faintly

"Reborn in Mildred Faintly's magnificent translation, Else Lasker-Schüler's STYX overflows with shudders of desolation, moans of sexual pleasure, ecstatic fusions of love and despite that exalt and torture in equal measure."
—Joy Ladin, author of *The Book of Anna* and *Shekhinah Speaks*.

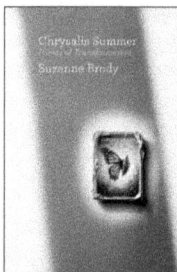

Chrysalis Summer
by Suzanne Brody

"We are invited into the thoughts and emotions of one woman who plays many roles—teacher, mother, rabbi, and artist. Topics stretch from the mundane business of cleaning up students' glitter to weightier topics such as egalitarianism and Biblical texts."
—Dori Weinstein, author of the *YaYa & YoYo* series *Considered*

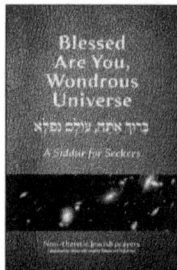

Blessed Are You, Wondrous Universe:
A Siddur for Seekers by Herbert J. Levine

"Herb Levine has fashioned a sparkling collection of prayers for a thinking, feeling modern person who wants to express gratitude for the wonder of existence."
—Daniel Matt, translator of the Zohar, author of *God and the Big Bang*, *The Essential Kabbalah*, and *Becoming Elijah*

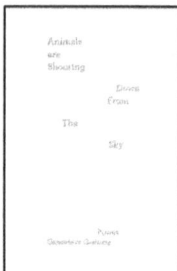

Animals are Shouting Down from the Sky
by Genevieve Greinetz

"Often heart-stopping, these poems abound in images uniquely unfamiliar. Not intended for the casual reader, they capture the violation of nature, free speech silenced, humanity flattened, families – and friends – failing as they often do."
—Merle Feld, author of *Longing, Poems for a Life*

www.ingramcontent.com/pod-product-compliance
Lightning Source LLC
LaVergne TN
LVHW061332060426
835512LV00013B/2616